Rudolf Kaiser · Gott schläft im Stein

Rudolf Kaiser

Gott schläft im Stein

Indianische und
abendländische Weltansichten
im Widerstreit

Kösel

Die Reihe *Horizonte des Religiösen* wird herausgegeben von
Dr. Norbert Copray M.A.

Angesichts der Zukunftskrise und weltweiter, grundsätzlicher Probleme sind traditionelle Lösungsvorstellungen zerbrochen und neue kulturelle Wege notwendig. Für jeden Menschen wird es immer wichtiger, tragfähige Traditionen mit neuen Sichtweisen zusammenzubringen. So überschreiten Menschen bloßes Krisenmanagement auf persönliches und kulturelles Wachstum hin. Dabei spielt der Dialog zwischen Christentum und Weltreligionen, Theologie und Psychologie, zwischen Philosophien und Weisheitslehren, zwischen Seelsorge und Therapie, zwischen Spiritualität und Selbsterfahrung eine entscheidende Rolle.
Horizonte des Religiösen entstehen, wo für Grundthemen heutiger Existenz neue und verwandelte Orientierungen sichtbar werden. Die knappen Essays der Reihe verstehen sich als Begleiter kulturellen Wandels. In verständlicher Weise wollen sie durch Rück- und Vorblick Schritte zur persönlichen Zukunftsfähigkeit erschließen.

ISBN 3-466-36108-7
© 1990 by Kösel-Verlag GmbH & Co., München
Printed in Germany. Alle Rechte vorbehalten
Druck und Bindung: Kösel, Kempten
Umschlag: Elisabeth Petersen, Glonn
Umschlagfoto: Anselm Spring, Landsberg

1 2 3 4 5 · 94 93 92 91 90

Meinen Eltern
in Dankbarkeit

Für zahlreiche Anregungen und für die Aufnahme dieses Buches in die Reihe »Horizonte des Religiösen« danke ich Herrn Dr. Norbert Copray.

Für vielseitige Hilfe bei der Erstellung des druckfertigen Manuskripts möchte ich mich herzlich bei Frau Elisabeth Steinort und Frau Annette Linde, beide Hildesheim, bedanken.

Ein Teil der Einnahmen aus dem Verkauf des Buches wird für die Unterstützung von Kindern auf Indianer-Reservationen zur Verfügung gestellt. R. K.

»Immer breitet sich die Erde vor mir aus, beladen mit den Früchten der metaphysischen Entfremdung, die vom Volk des Abendlandes hervorgerufen sind.«

Emanuele Severino, italienischer
Philosoph, geb. 1929

* * *

»In Ani Yonwiyah, der Sprache meines Volkes, gibt es ein Wort für Land: Eloheh. Dieses gleiche Wort bedeutet auch Geschichte, Kultur und Religion. Das ist so, weil wir Cherokee-Indianer unseren Platz auf der Erde nicht von unserem Leben auf ihr trennen können, und auch nicht von unserer Vision und unserer Bedeutung als ein Volk. Von Kindertagen an bringt man uns bei, daß die Tiere und auch die Bäume und Pflanzen, mit denen wir den Platz hier auf der Erde teilen, unsere Brüder und Schwestern sind.
Wenn wir also von Land sprechen, dann sprechen wir nicht von Grundbesitz, Territorium oder auch nur von einem Stück Boden, auf dem unsere Häuser stehen und unsere Ernten wachsen. Wir sprechen von etwas wahrhaft Heiligem.« *J. Durham, Cherokee-Indianer, 1981*

* * *

»Und Gott segnete sie (Adam und Eva) und sprach zu ihnen: Seid fruchtbar und mehret euch und füllet die Erde und machet sie euch untertan, und herrschet über die Fische im Meer und die Vögel des Himmels, über das Vieh und alle Tiere, die auf der Erde sich regen!« *1. Mose 28*

* * *

»Es ist diese unglaubliche Arroganz gegenüber anderen Lebensformen, die solche Zerstörung (einer Fischgattung) in diesem Land verursacht hat. Wer hat das Recht, Gott zu spielen und über Leben und Tod einer ganzen Gattung von Mitgeschöpfen zu entscheiden, die von derselben Kraft hier erschaffen wurden wie wir? Wer hat das Recht, eine Spezies des Lebens zu vernichten – und was bedeutet es, sich dieses Recht anzumaßen? Meine Antwort soll emotional sein: Für mich ist dieser Fisch nicht nur eine abstrakte gefährdete Spezies, obwohl er auch das ist. Er ist ein Cherokee-Fisch und ich bin sein Bruder.«

J. Durham, Cherokee-Indianer, 1981

* * *

»Das Abendland ist ein sinkendes Schiff, um dessen Leck niemand weiß. Doch alle arbeiten eifrig an dem Schiff, um die Fahrt bequemer zu machen.« *Emanuele Severino*

Inhalt

1. Hinführung: Aufbruch zur Ganzheitlichkeit

> Die sogenannte Umweltkrise ist nicht nur eine Krise der
> natürlichen Umwelt der Menschen, sondern nichts we-
> niger als eine Krise der Menschen selbst. Sie ist eine um-
> fassende, irreversible und darum nicht zu Unrecht apo-
> kalyptisch genannte Krise des Lebens auf diesem Plane-
> ten. Sie ist keine vorübergehende Krise, sondern aller
> Voraussicht nach der Anfang des Kampfes um Leben
> und Tod der Schöpfung auf dieser Erde.
>
> *Jürgen Moltmann*

In der Diskussion um die geistige Krise, um den Wechsel der
Leitbilder und um die existentielle Bedrohung des Lebens in
unserer Gegenwart wird von vielen Menschen die Notwendigkeit neuer Lebensformen und neuer Denkformen in unserer Kultur betont. Dabei ist sehr oft von dem Versuch die
Rede, aus dem Wertewandel und den geistigen Umbrüchen
unserer Zeit eine ganzheitliche, holistische Lebensform (wie-
der-)zugewinnen und den überlieferten abendländischen
Dualismus zu überwinden.

Notwendigerweise taucht dabei die Frage auf, wo die geistigen Ursprünge dieses Dualismus zu suchen sind. Zahlreiche
Buchautoren, Redner und Philosophen gehen bei dieser Suche zurück bis zur Aufklärung, höchstens bis zu dem französischen Philosophen René Descartes (1596 - 1650), in dessen
strenger Scheidung von ausgedehnter und denkender Wirklichkeit (»res extensa« und »res cogitans«) sie den Anfang
unseres dualistischen Denkens, den Beginn der abendländischen Spaltung von Geist und Natur sehen.

Es ist meine Überzeugung, daß wir viel weiter zurückgreifen
müssen, wenn wir die wirklichen Ursprünge des abendländischen Dualismus sowie die umfassende Kraft und Dynamik

dieser geistigen Tradition in den Blick bekommen wollen. Dabei wird der Begriff *Dualismus* hier nicht im streng religions- und philosophiegeschichtlichen Sinn als Zwei-Prinzipien-Lehre verstanden, nach welcher zwei gleich starke Kräfte, zwei voneinander unabhängige Gegenspieler oder Weltprinzipien (etwa: Licht und Finsternis) durch ihren Gegensatz das Universum in seiner Struktur und seinem Sein bestimmen. Solcher Dualismus ist aus dem alten persischen Denken (Zarathustra), aus dem Manichäismus und der Gnostik bekannt.

Der Begriff *Dualismus* wird in diesem Buch in einem allgemeineren und mehr praktischen Sinn gebraucht: Das Seiende wird danach nicht als etwas Ganzheitliches verstanden, sondern als etwas, das jeweils in zwei Bereiche geschieden ist, die nicht zur Deckung gebracht werden können (z.B. Geist – Natur; Gott – Welt). Hier ist also Dualismus Gegenbegriff zum Begriff der Ganzheitlichkeit. In dem anderen, hier nicht gemeinten Sinn wäre Dualismus Gegenbegriff zum Begriff des Monismus.

In diesem Buch wird der Dualismus als entscheidendes Kennzeichen abendländischen Denkens vor allem auf zwei frühe Wurzeln zurückgeführt: auf die klassische griechische Philosophie der Antike und auf das biblische Weltbild. Wenn man sich mit der europäischen Tradition von wenigstens zweitausend Jahren beschäftigt, so kann kaum ein Zweifel aufkommen: Der sogenannte westliche Geist, also das abendländisch-europäische Denken, hat seine Hauptnahrung, seinen gedanklichen Rahmen, seine Werte und Paradigmen, seine Verhaltensmuster vor allem aus diesen beiden Quellen bezogen. Keiner anderen Quelle kommt auch nur annähernd eine vergleichbare Bedeutung zu. (Der staatliche Ordnungssinn und der Imperialismus der antiken Römer wären sonst wohl an nächster Stelle zu nennen.)

Allerdings ist mit dieser Quellenlage nicht gemeint, daß nur die europäische Philosophie und die in West- und Mitteleuropa vorherrschende Form des Christentums sich aus Griechenland bzw. dem Heiligen Land herleiten. Vielmehr sind im Verlauf von über zwei Jahrtausenden alle Seiten der abendländischen Denk- und Lebensformen, also auch die Strukturen des alltäglichen Lebens, durch diese philosophischen und religiösen Ursprünge entscheidend geprägt und geformt worden. Auch die Herrschaft von Naturwissenschaft und Technik sowie der Grad der technischen Beherrschung der Welt in unserer Zeit – und damit Gewinn und Gefahr unserer Lebensform – wären ohne den einerseits von Platon und andererseits von Mose grundgelegten Dualismus des abendländischen Weltbildes nicht möglich (gewesen). Der Dualismus eines Descartes, der Renaissance und der Aufklärung ist nur eine Fortsetzung des antiken und des alttestamentlichen Dualismus.

So soll in den folgenden Kapiteln der Versuch unternommen werden, einerseits die Ursachen und Zusammenhänge des abendländischen Dualismus darzulegen – und andererseits Wege zu einem mehr ganzheitlichen Weltbild aufzuweisen. Denn eine der wichtigsten Aufgaben philosophischer und theologischer Gedankenarbeit kommender Jahrzehnte wird es sein herauszufinden, ob und wo sich dieser Dualismus eingrenzen oder wandeln läßt zu einer neuen ganzheitlichen und universalistischen Theorie. Eine solche könnte die Ansprüche *allen* Lebens und *allen* Seins zusammen mit – und in Beziehung zu – den Ansprüchen des menschlichen Lebens berücksichtigen und konzipieren.

Dabei spielen in den folgenden Überlegungen tradierte indianische Kulturen Nordamerikas eine wichtige Rolle. Sie sind für uns von Interesse einerseits um ihrer eigenen Überzeugungskraft willen. Natürlich: Indianer sind keine besseren Menschen! In ihren Beziehungen zueinander und zur Natur hat es Erscheinungen gegeben, die keineswegs als Vorbild für uns dienen können. Es finden sich aber in ihren überlieferten

Weltanschauungen und Wertordnungen – wie auch in denen anderer Naturvölker – bestimmte Inhalte und Strukturen, die wir verloren haben und die möglicherweise von existentieller Bedeutung sind für das Leben auf dieser Erde.

Andererseits bilden tradierte indianische Kulturen Nordamerikas hier gewissermaßen die Folie, vor der sich die so andersartigen Strukturen unserer abendländischen Weltanschauung deutlich abheben. Sie machen es uns Euro-Amerikanern, die wir die abendländische Luft seit Kindertagen eingeatmet und im europäischen Wasser schwimmen gelernt haben, möglich, eine gewisse Distanz von unserem geistigen Heimatraum zu gewinnen; diesen einmal mit anderen kulturellen Strukturen zu vergleichen; und dabei die scheinbaren Selbstverständlichkeiten der eigenen kulturellen Tradition in Frage zu stellen.

Doch sind hierbei gleich zu Anfang wenigstens drei Begrenzungen nötig: Zum einen gibt es selbst heute noch weit über 200 verschiedene indianische Völker und Sprachen in Nordamerika, deren Kulturen sehr große Unterschiede voneinander aufweisen. Was für den einen Stamm gilt, gilt oft nicht für einen benachbarten. Das bedeutet: *Den* Indianer gibt es nicht! Aussagen über Indianer gelten oft nicht für alle indianischen Völker. Außerdem: Viele indianische Kulturen haben unter dem Ansturm abendländischer Ideen einen großen Teil ihrer ursprünglichen Lebensform verloren. Deshalb beziehen sich die in den folgenden Kapiteln gekennzeichneten Charakteristika manchmal mehr auf die Vergangenheit als auf die Gegenwart indianischer Kulturen.

Zum anderen gibt es in indianischen Kulturen trotz aller Verschiedenheit doch auch zahlreiche Strukturprinzipien, die sich verbreitet, fast allgemein, finden. Man muß nach ihnen nur tief genug graben, denn sie bilden gewissermaßen die Basis der Kulturen. Um diese Grundlagen ihrer Weltanschauung geht es mir hier ganz besonders.

Dabei fällt dann allerdings auf, daß diese grundlegenden Prinzipien nicht nur den allermeisten Indianervölkern gemeinsam sind, sondern daß sie sich – in gewissen Abwandlungen – auch bei vielen anderen Naturvölkern in Afrika, Asien und Australien finden. Dazu gehören: Verzicht auf Privateigentum an Grund und Boden; Bedeutung der Großfamilie; das dichtere Naturverhältnis; statt einer dualistischen eine stärker universalistische und ganzheitliche Gottesvorstellung und Religiosität; eine größere Nähe zu Mystik, Spiritualität und Innerlichkeit. Ja, in gewissem Maße nähern sich diese Charakteristika auch sogenannten östlichen oder asiatischen Kulturen und Weisheitslehren. – Der Gegensatz all dieser Überzeugungen zum abendländischen Denken bleibt allerdings klar und unübersehbar.

Drittens sollte es klar sein, daß ich hier nicht die Ansicht vertrete, wir Abendländer könnten oder sollten in unserer verzweifelten Suche nach Lösungen unserer Umweltprobleme andere Kulturen nachahmen, könnten ihre Wertstrukturen und Lebensformen vielleicht ausborgen und übernehmen. Das ist weder gemeint noch ist es möglich. Wir können nicht leichthin aus unserer kultur-historischen Haut schlüpfen. Dafür sind wir alle, Europäer wie Amerikaner, Kapitalisten wie Kommunisten, Gläubige wie Ungläubige, tief und umfassend in der jüdisch-christlichen Tradition verankert, welche besagt, daß die Natur nicht beseelt und darum auch nicht heilig ist und daß es nur einen einzigen transzendenten Gott gibt – wenn wir ihn denn noch anerkennen.

Das bedeutet, daß unsere kosmische Vision und diejenige von Indianern zunächst einmal weitgehend unvereinbar sind: Indianischer Tradition entspricht es, *alle* Welt als von göttlichem Geiste (oder Geistwesen) erfüllt und darum als grundsätzlich heilig zu verstehen. Nach der unser Denken bestimmenden alttestamentlichen Tradition ist nur einer heilig – Gott selbst. Erlösung sollten wir also für unsere Zukunft nicht leichthin von Indianern und ihren anderen Weltansichten erwarten.

Doch sicher können wir von ihnen und von anderen Kulturen lernen! Ich selbst habe es erlebt, daß ich erst durch die Beschäftigung mit diesen Kulturen meine eigene Kultur einzuschätzen und zu relativieren gelernt habe. Ich meine: Wir können von ihnen lernen, daß es andere Wege zur Welt gibt als die von uns seit über zweitausend Jahren begangenen. Es geht also nicht um die Übernahme indianischer Sichtweisen und Verhaltensformen, sondern um das Geltenlassen und (vielleicht) das Verstehen eines anderen Bezugssystems für menschliche Wahrnehmung und menschlichen Umgang mit dem Kosmos. Vor dem Hintergrund dieses anderen Bezugssystems können wir dann unsere eigenen Wege und Normen distanzierter und differenzierter betrachten; können sie klären und werten; können unsere eigene Wahrnehmung und unser eigenes Handeln vielleicht gar auf ein erweitertes Bezugssystem gründen, das unsere Traditionen durch neue Perspektiven ergänzt.

Es mag manchen von uns dann immer noch schwerfallen, die ganze Welt als eine im indianischen Sinn geistdurchwirkte Ganzheit aufzufassen. Doch können wir vielleicht verstehen, was es heißt, wenn Indianer und Menschen anderer Kulturen davon sprechen, daß es einen Zusammenhang zwischen religiöser Weltanschauung, sozialer Ordnung und den Umweltbeziehungen gibt; daß alle Dinge – die Menschen eingeschlossen – miteinander verbunden sind und durch ihre Wechselbeziehungen und gegenseitigen Abhängigkeiten in einer empfindlichen Balance zueinander stehen; daß deshalb alles, was wir den Dingen antun, in irgendeiner Form auf uns zurückwirkt; daß also eine Haltung der Achtung, der Ehrfurcht, des Respekts – nicht nur gegenüber Gott und den Menschen, sondern gegenüber allen Dingen unserer vernetzten Wirklichkeit – das Gebot der Stunde ist.

So drückt der (Teil-Cherokee-)Indianer Norman H. Russel (geb. 1921) seine ganzheitliche Naturerfahrung in dem Gedicht »An-Schein« aus:

> So wie der Baum nicht endet
> an der Spitze seiner Wurzeln
>   oder seiner Zweige –
> so wie der Vogel nicht endet
> an seinen Federn und seinem Flug –
> so wie die Erde nicht endet
> an ihrem höchsten Berg:
>
> So ende auch ich nicht
> an meinem Arm, meinem Fuß, meiner Haut,
> sondern greife unentwegt nach außen
> hinein in allen Raum und alle Zeit
> mit meiner Stimme und meinen Gedanken
>
>   denn meine Seele ist das Universum.

2. Entheiligung der Natur:
   Geteilte Welt – gespaltener Mensch

Große Kräfte sind's,
weiß man sie recht zu hegen,
die Pflanzen, Kräuter, Stein'
in ihrem Innern hegen.

Shakespeare

Es scheint unbestritten zu sein, daß die klassische griechische Philosophie seit Sokrates, Platon und Aristoteles eine Grundrichtung eingeschlagen hat, die als dualistisch zu bezeichnen ist. Das griechische Denken seit Sokrates ist ganz überwiegend nicht mehr intuitiv-synthetisch, sondern logisch-analytisch und gewinnt seine Urteile durch Trennung und Unterscheidung, nicht durch Verbindung und Synthese. Die dualistische Formel »entweder – oder« gewinnt die Oberhand über die holistische Formel »sowohl – als auch«.

Dieses gilt allerdings noch nicht für die sogenannten Vor-Sokratiker. Bei ihnen sind Sein und Seiendes noch ungeschieden bewahrt. Einige von ihnen befinden sich allerdings im Übergangsfeld zwischen Mythos und Logos, zwischen vorderasiatisch-ägyptischen Konzepten synthetischer und universalistischer Natur einerseits und den von Aristoteles erstmals systematisch formulierten Konzepten logischen Denkens, rationalen Erkennens und analytischen Urteilens andererseits.

Außer dieser erstmaligen Formulierung analytischer Urteile im Prozeß logischen Denkens und rationalen Erkennens bringt die klassische griechische Philosophie eine Konzentration des Denkens auf den Menschen hin mit sich, also einen Anthropozentrismus (der sich in anderem Zusammenhang auch in der Bibel herausbildet). Dabei formuliert Platon als erster die strenge Trennung von Leib und Seele und damit das entscheidende dualistische Konzept. Darüber hinaus führt diese Zentrierung auf den Menschen aber notwendigerweise auch zu einer dualistischen Trennung von Mensch und Welt, weil der so in den Mittelpunkt gerückte Mensch sich nicht mehr in das Universum einzufügen, sondern diesem gegenüberzustehen scheint.

Diese grundsätzlich anthropozentrische und dualistische Grundeinstellung der klassischen griechischen Philosophie hat die Geschichte des abendländischen Geistes entscheidend bestimmt und ist deshalb an vielen Stellen aufzuweisen. Das soll im nächsten Kapitel dieses Buches in Anlehnung an den zeitgenössischen italienischen Philosophen Emanuele Severino ausführlicher dargestellt werden. In diesem Kapitel wollen wir uns dagegen vor allem mit den biblischen Begründungen des abendländischen Dualismus näher beschäftigen.

Von Christen und insbesondere von Theologen wird allerdings häufig bestritten, daß – so wie die griechische Philosophie – auch das biblische Denken dualistisch sei. Es wird gesagt, nur die griechische Philosophie zerteile den Menschen in Körper und Seele, in einen sterblichen und einen unsterblichen Teil. In der Bibel werde der Mensch dagegen als Ganzheit gesehen und deshalb keineswegs (etwa) von der Unsterblichkeit (nur) der Seele gesprochen.

In solcher Eindeutigkeit trifft dieses jedoch nicht zu. So spricht Jesus z.B. nicht nur von dem Geist, der willig, und dem Fleisch, das schwach ist (Matthäus 26,41), sondern – wahrscheinlich unter griechischem Einfluß – auch von denen, die zwar den Leib, aber nicht die Seele töten können (Matthäus 10,28). Außerdem gibt es im Neuen Testament – z.T. unter gnostischem Einfluß – eine Anzahl weiterer dualistischer, also gegeneinandersetzender und ausschließender oder ausgrenzender Aussprüche Jesu; z.B.:

Meinet nicht, daß ich gekommen bin, Frieden auf die Erde zu bringen. Ich bin nicht gekommen, Frieden zu bringen, sondern das Schwert. Denn ich bin gekommen, einen Menschen mit seinem Vater zu entzweien und eine Tochter mit ihrer Mutter ... (Matthäus 10,34-35)

Wer nicht mit mir ist, der ist wider mich, und wer nicht mit mir sammelt, der zerstreut. (Matthäus 12,30)

Wenn jemand nicht aus Körper und Geist geboren wird, kann er nicht in das Reich Gottes kommen. Was aus dem Fleisch geboren ist, das ist Fleisch, und was aus dem Geist geboren ist, das ist Geist. (Johannes 3,5-6)

Niemand kommt zum Vater außer durch mich. (Johannes 14,6)

Viele andere Texte des Neuen Testaments ließen sich hinzufügen, die – ähnlich den genannten Texten – eine gegeneinandersetzende und nicht eine verbindende Tendenz verraten. So wird (z.B. im Hebräerbrief und vor allem in der Geheimen Offenbarung) das Wort Gottes immer wieder als zweischneidiges Schwert beschrieben, das »bis zur Scheidung von Gelenken und Mark der Seele und des Geistes« dringt (Hebräerbrief 4, 12).
Dabei ist es angesichts unserer Fragestellung nach der Wirkungsgeschichte von Texten und Gedanken belanglos, daß manche dieser Ausschließlichkeit beanspruchenden dualistischen Worte Jesu von der heutigen Bibelwissenschaft nicht mehr als echte Worte Jesu (»Verba Ipsissima«) anerkannt werden, sondern den Evangelisten oder der jungen Christengemeinde zugeschrieben werden. Ebenso hebt es den ausgrenzenden Charakter des an zweiter Stelle genannten Bibelzitates nicht auf, daß Jesus an anderer Stelle diesen Satz auch umgekehrt formuliert und sagt: »Wer nicht gegen mich ist, ist für mich.« Dieser Satz zeigt vielmehr, daß es im Neuen Testament neben dualistischen Aussagen natür-

lich auch zusammenbindende und ganzheitliche Formulierungen gibt.

An anderen Stellen des Neuen Testamentes (z.B. Markus 8, 34 f.; 10, 17-31) wird ein Gegensatz zwischen *Welt* und glaubenden Menschen aufgerissen, indem die Welt als Quelle der Gefahr und als Bedrohung der Gläubigen verstanden und darum Feindschaft gegenüber der Welt gepredigt wird. So erscheint die Welt geradezu als das Böse und der Teufel erhält den Titel »Fürst dieser Welt«. Vor allem bei dem Evangelisten Johannes und bei Paulus gibt es ein Weltbild, das eindeutig in Gegensätzen denkt; in Gegensätzen von Gut und Böse, von Gott und Welt: »Bei Paulus ... erscheint die von Gott˙ geschaffene Welt zugleich als Inbegriff des Bösen, als der Sünde verfallene Welt und bei Johannes ... als der heilsgeschichtliche Widersacher des Erlösers.« (A. Auer, Umweltethik; Düsseldorf 1984, S. 279)

Schließlich ist nach der Geheimen Offenbarung des Johannes die Geschichte ein einziger Machtkampf zwischen Gut und Böse, zwischen Licht und Finsternis, zwischen Gott und Satan. Dabei geht es um Ur-Feindschaft, also um einen Kampf, der nicht auf Versöhnung aus ist, sondern auf Vernichtung des anderen. Das Buch verrät so in kämpferischer Sprache ein polarisierendes und dualistisches Menschen- und Geschichtsbild (das an die persisch-manichäisch-gnostische Zweiprinzipienlehre erinnert, aus der letztlich wohl jeder Dualismus seinen Ursprung bezieht). – Der katholische Theologe und Religionsphilosoph Romano Guardini (1885-1968) drückte das dualistische Weltbild auf seine Weise aus: Der christliche Glaube mache das Gute besser und das Böse böser.

Ich habe schon darauf hingewiesen: Die zahlreichen dualistischen und ausgrenzenden Gedanken und Formulierungen im Neuen Testament besagen natürlich nicht, daß es dort nicht auch »einschließende« Aussagen gibt. Und vor allem besagen sie nicht, daß aus christlichem Bewußtsein heraus nicht auch sehr viel Versöhnendes in der Geschichte Europas geschehen ist. (Allerdings: Über das Potential an Feindseligem und Unversöhnlichem, das in der Geschichte des Abendlandes auch immer wieder aus jüdisch-christlichem Denken genährt wurde, muß wohl nicht eigens gesprochen werden.)

Doch auch wer dualistisches Denken im Neuen Testament zugesteht, versucht oft, das Alte Testament als ganzheitlich zu retten. Denn das Alte Testament sei weltfreundlich und leibzugewandt. Und eine Unsterblichkeitshoffnung auch für den Leib (mindestens in den letzten Büchern des Alten Testamentes) stehe gegen eine Unsterblichkeitserwartung nur der Seele, wie sie aus dem griechischen Denken komme. Gern wird auch auf das Hohe Lied der Liebe (im Alten Testament) mit seiner ausdrücklichen Sinnlichkeit als ein Beispiel für die ganzheitliche Tendenz des Alten Testamentes hingewiesen.

Demgegenüber müssen wir feststellen: Der Glaube Israels im Alten Testament unterschied sich auch gerade dadurch von rivalisierenden (und von den Israeliten – im Auftrage ihres Gottes – blutig unterdrückten) orientalischen Religionen, daß Jahwe eifersüchtig und ausschließend über sein »Einzig-Sein« wacht, indem er niemanden neben sich duldet (z.B. 2 Mose 34,13-24); und dadurch, daß er personal, geistig und überweltlich (transzendent) ist. Gott ist nicht weltlich, und die Welt ist nicht göttlich. So standen Jahwe und die Naturgötter der benachbarten Religionen in unversöhnlichem Gegensatz zueinander.

Als transzendenter Schöpfer schafft Jahwe alles aus dem Nichts; geht aber nicht selbst in seine Schöpfung ein. Es wird vielmehr von Anfang an streng zwischen dem Schöpfer und dem von ihm Geschaffenen unterschieden. Die Welt ist keine von Geistwesen belebte göttliche Substanz, sondern steht als Schöpfung dem Schöpfer gegenüber. Damit ist jeder Gedanke an eine All-Einheit ebenso versperrt wie die Vorstellung, daß die Natur heilig sei. »Durch den Monotheismus ... wurde Gott immer mehr entweltlicht, und die Welt wurde zunehmend säkularisiert.« (J. Moltmann, Gott in der Welt; München 1985, S. 16) Nur Gott ist heilig, und er ist nicht Natur, sondern der ganz andere.

Ein Blick auf *die deutsche Sprachentwicklung der Worte heil – heilen – heilig* lehrt uns allerdings, daß das Heilige sprachgeschichtlich eigentlich dasjenige ist, was heil, was unversehrt, was nicht zerbrochen ist. Nicht das ganz andere ist heilig, sondern das Heile, das Ganze. Die Verbindung von heil und ganz ist sprachlich bei uns auch noch lebendig in Wendungen wie: »(Ich bin) heil froh, daß ...«. Dementsprechend bedeutet »heilen« sprachhistorisch: wieder ganz machen; aus dem Getrenntsein, aus dem Zerrissensein, aus den Bruchstücken wieder zum Ganz-Sein führen.

Noch deutlicher wird dieser sprachliche Zusammenhang bei der Betrachtung der englischen Sprache. Denn die Verwandtschaft des Wortes holy (heilig) mit dem Wort whole (ganz) und dem Wort healthy (gesund) ist für jeden leicht einsehbar. Auch der formhistorische Zusammenhang des englischen Wortes holy besagt also, daß das Heilige dasjenige ist, was ganz, was vollständig, was unversehrt, was gesund ist.

Mit anderen Worten: Das sprachgeschichtliche Zeugnis des deutschen Wortes heilig und des englischen Wortes holy offenbart eindeutig, daß in diesen Sprachgemeinschaften das Heilige ursprünglich nicht als das ganz andere, als das von der Welt Verschiedene und Abgesonderte verstanden wurde, sondern als dasjenige, was vollständig, ganz und umfassend ist. Heiliges und Heilendes gibt es dort, wo es Heiles, Ganzes, Unzerstörtes gibt.

Ein ganz anderes Denkmuster zeigt demgegenüber der alttestamentliche Befund, wie ein Studium des Theologischen Wörterbuches zum Neuen Testament von G. Knittel (1. Band, Stuttgart 1966, S. 87-101) ergibt:

Das alttestamentliche hebräische Wort für heilig (qādôs = tā-hôr) ist mit der hebräischen Wurzelsippe für das Wort scheiden verwandt, »so daß man an das dem Profanen entzogene Gebiet zu denken hätte«. – »... Durch die Persönlichkeit Gottes ... wird der Heiligkeitsbegriff aufs höchste vergeistigt.« – »Schon Amos läßt Jahwe schwören bei seiner Heiligkeit ..., also bei seinem innersten Wesen, das im Gegensatz zu allem Geschöpflichen ... steht.« – »... geht der Begriff der Heiligkeit in den der Göttlichkeit über, so daß Jahwes heiliger Name allem Geschöpflichen gegenübertritt. ... Gottes Heiligkeit wird so zum Ausdruck seiner Wesensvollkommenheit, die übergeschöpflicher Art ist ... stoßen israelitische und heidnische Heiligkeit in tödlichem Gegensatz aufeinander ...« – »Im althebräischen Heiligkeitsbegriff steht das Göttliche zum Menschlichen, vollends zum Sündhaften im tödlichen Gegensatz ... Gegensatz der heiligen Liebe gegenüber der unheiligen Natur.« – »... steht Jahwe im Gegensatz zur Schöpfung, der natürlichen wie der geschichtlichen ...« – »... auswählen, aussondern ... dieses ist die Grundbedeutung...« – »heilig sein heißt *abgesondert sein.* ...«

Das Ergebnis dieser linguistischen Betrachtung ist also, daß im Deutschen und Englischen die bedeutungsgeschichtliche Entwicklung des Wortes für den Begriff des Heiligen eine ganzheitliche, holistische Weltansicht bezeugt – daß hingegen das alttestamentliche Wort für den Begriff des Heiligen eine dualistische Weltansicht bezeugt; denn es ist nicht abgeleitet aus Worten, die das Ganze, das Heile meinen, sondern genau umgekehrt verwandt mit Worten, die das Ausgesonderte, das Getrennte, das Abgesonderte bezeichnen. So ist im letzten Zitat gar die Rede von der »unheiligen Natur« und dem »tödlichen Gegensatz« zwischen dem Göttlichen und dem Menschlichen. Und es heißt, daß »israelitische und heidnische Heiligkeit in tödlichem Gegensatz« aufeinanderstoßen.

Es ergab sich also im Alten Testament die (mono-)theistische Vorstellung einer Trennung von Gott und Welt, wie sie in Naturreligionen nie bestanden hat(te). Die Welt ist danach *Schöpfung* Jahwes aus dem Nichts und schon deshalb in gar keiner Weise mit ihm gleichzusetzen. Auch begegnet Jahwe in der Schöpfung den Menschen nicht unmittelbar wie in Naturreligionen, sondern höchstens mittelbar. Sonne und Mond, nach anderen Religionen Inkarnationen göttlicher Kraft, sind nach dem Schöpfungsbericht des Alten Testamentes von Gott als Lampen an den Himmel gehängt, um Tag und Nacht zu erleuchten.

Damit wird der Mensch entlassen in eine Welt, die frei ist von Dämonen und anderen Geistwesen, welche der Mensch erst versöhnen mußte, um mit ihnen in Frieden zu leben. Es ist aber zugleich eine Welt, die dem Menschen mit der Angst vor Dämonen auch die Ehrfurcht vor einer beseelten oder geistdurchwirkten Natur, vor göttlichen Ausstrahlungen, vor belebenden Energien und Naturkräften genommen hat. »Der patriarchalische Monotheismus der Jahwe-Religion zerbrach den matriarchalischen Pantheismus der Erde durch einen männlichen Schöpfungsbegriff.« Danach war »die Erde nicht mehr die Mutter des Menschen, sondern nur noch der Rohstoff für das Werk des Schöpfers.« (J. Moltmann, S. 304)

Wie ganz anders wäre unser Weltverständnis doch: wenn wir das ganze kosmische Geschehen nicht in patriarchalischer Weise – nach dem Alten Testament – deuteten als das Werk der Hände eines (männlichen) Gottes; sondern als das im Leib einer Frau (der Großen Weltmutter?) wachsende Leben!?! Sogleich lösen ganzheitliche und pan-entheistische Bilder unsere dualistischen und herrschaftsorientierten Vorstellungen ab. Denn »ein Kind entsteht und wächst im Mutterleib und wird von der Mutter *geboren*. Der Mann aber bearbeitet etwas, das außerhalb seiner selbst ist, und *schafft* ein Werk, das außerhalb seiner selbst besteht. Er kennt die Distanz zu dem Werk seiner Hände. Sein Werk ist nicht aus seinem Wesen hervorgegangen ...« (J. Moltmann, S. 324).

Außerdem wird im Alten Testament der Erdboden (nach dem Sündenfall der ersten Menschen) von Gott verflucht (1. Mose 3, 17), er trägt Dornen und Disteln und ist (wiederum nach dem Fall im Paradies) insgesamt von Gottes strafender Hand gezeichnet. Dem über-weltlichen Reich Gottes steht die sündige Welt gegenüber. Sowohl durch die eindeutige Transzendenz und Personalität Gottes als auch durch diese Charakterisierung der Erde wird die Natur entheiligt, profanisiert. Der Bruch zwischen Gott und Welt ist eindeutig: Es ergibt sich das Bild eines ent-weltlichten Gottes und einer ent-göttlichten Welt. Damit ist der Grunddualismus gesetzt, aus dem sich alle anderen Dualismen (zwischen Mensch und Natur etc.) herleiten. Einige Theologen (z.B. Gogarten) haben es als die eigentliche Großtat des Christentums gerühmt, daß es unter seinem Einfluß möglich geworden sei, die Natur zu entzaubern und zu entmythologisieren und sie dann souverän zu beherrschen.

Es bedürfte einer eigenen Untersuchung, ob es im Judentum, im Christentum und im Hellenismus auch ein verdrängtes, kaum wirksam gewordenes Erbe gibt, das es erlaubt, die Dichotomie von Gott und Welt zu überwinden und eine kosmische Religiosität zu begründen. Dafür müßte wohl der Gedanke der Inkarnation Gottes in dieser Welt und die Theologie der Ausgießung des Geistes in diese Welt hinein radikaler durchdacht werden. Dann könnte vielleicht auch in unserer Tradition der Gedanke wiedergewonnen werden, daß Gott in der Schöpfung ist (vgl. das Buch von Jürgen Moltmann). Auch zu den pan-entheistischen Gedanken, daß alle Schöpfung in Gott zu sehen ist, ließe sich so vielleicht wieder ein Zugang gewinnen.

Was den Menschen und seine Beziehung zu sich selbst und zur Welt betrifft: In der Genesis wird der Mensch als aus

Lehm geformt vorgestellt, aber er ist auch nach dem Bilde Gottes gestaltet (1. Mose 1, 26). Das heißt: Der Zwiespalt zwischen dem (entweltlichten) Gott und der (entgöttlichten) Welt wird auf den Menschen selbst übertragen. Denn er wird in seiner geistigen »Natur« nicht als aus der Natur kommend verstanden, sondern als Ebenbild des anderen Prinzips, eben des transzendenten Gottes.

Damit wird der Ur-Dualismus Gott – Welt sogleich erweitert zum Dualismus Mensch – Welt. Außerdem wird der Gegensatz zwischen Materie und Geist, zwischen Welt und Gott in den einzelnen Menschen selbst hineingedrängt; der Mensch wird gewissermaßen halbiert, in zwei sehr ungleich gewichtete und gewertete Teile gespalten. Da scheint es wenig verwunderlich, daß dieser Mensch nun immer wieder – und oft genug vergeblich – versucht, in sich selbst die Balance, die Harmonie seines Wesens, den inneren Frieden, die Übereinstimmung und den Einklang mit sich selbst – eben seine Identität – zu finden. Das ist der Dualismus in jedem von uns – eine Konsequenz abendländischen Denkens, die jeder einzelne Mensch unseres Kulturkreises in seinem Inneren auszutragen hat.

In der Genesis des Alten Testaments wird aber der vor allem von seiner geistigen, das heißt von seiner gottebenbildlichen Seite her verstandene Mensch logischerweise auch zur Herrschaft über die übrige Natur berufen. Die Formulierungen (im Schöpfungsbericht der sogenannten Priesterschrift) sind bekanntlich sehr eindeutig: Dieser Herrscher über die Natur ist selbst nicht Teil der Natur – außer in seinem Körper –, denn Gott gibt ihm den Auftrag, sich die übrige natürliche Welt untertan zu machen. Hierzu gehört auch, daß es der Mensch ist, der den Tieren ihre Namen gibt. Das ist ein Akt der Distanzierung und der Herrschaft über die Tiere.

Einen Höhepunkt erreicht diese entgegensetzende Tendenz zwischen Mensch und Tier nach dem Ende der Sintflut, als

Gott den Menschen (im Zusammenhang mit der Aufhebung des Verbotes von Fleischverzehr) gar dazu bestimmt, »Furcht und Schrecken« auf seiten der Tiere zu verbreiten (1. Mose 9, 1-2). Es ist erschreckend verharmlosend zu sagen, dieses sei »ein dunkler Text« (H. Kirchhoff, Sympathie für die Kreatur; München, 1987, S. 43). Bedenkenlose und oftmals unnötige Versuche an Tieren ebenso wie rücksichtslose und naturwidrige Käfig- und Massentierhaltung in unserer Gegenwart – ja insgesamt das unendliche Leid, das Menschen über die Tiere bringen – werden durch diese biblischen Worte gewissermaßen vorweg legitimiert; all dies erscheint wie eine simple Übertragung dieses Textes in die Praxis.

Hierzu paßt auch die kürzlich in unserem Lande erfolgte juristische Feststellung, daß Tiere gerichtlich nicht Kläger sein können. Damit ist das Tier durch die Übereinstimmung von alttestamentlicher Anweisung und zerstörerischer Praxis in unserer Gegenwart praktisch zu einer rechtlosen Sache degradiert. Ein Beispiel: Kein Gericht und kein Staatsanwalt in unserem Lande unternimmt etwas gegen die offensichtliche Tierquälerei in Legebatterien und Mastställen. Und wissenschaftliche Gutachter maßen sich gar noch an, das eine »artgerechte« Tierhaltung zu nennen. Sie sind es auch, die in oftmals unvorstellbar grausamen Tierversuchen jährlich ca. 300 Millionen Tiere in aller Welt in den Tod treiben.

So ist durch den Schöpfungsbericht der Genesis der Dualismus nicht nur zwischen Gott und Welt und in jedem einzelnen Menschen begründet worden, sondern auch zwischen dem Menschen und der übrigen Schöpfung, der Natur – also zwischen dem Menschen und seiner Welt. »In dieser Auffassung vom Dualismus zwischen Mensch und Natur liegt vielleicht der eigentliche Beginn der menschlichen Tragödie in der westlichen Hemisphäre« (Frank Waters).

Nun wissen wir, daß es einen zweiten (den sogenannten Jahwistischen) Schöpfungsbericht im Alten Testament gibt, der weniger von der Herrschaft des Menschen und der Unterwerfung der Erde als vielmehr von Fürsorge und Verantwortung des Menschen für die Schöpfung spricht, nämlich vom Bebauen und Bewahren des Gartens Eden: »Und Gott der Herr nahm den Menschen und setzte ihn in den Garten Eden, daß er ihn bebaue und bewahre.« (1. Mose 2, 15). Außerdem wird heute vielfach darauf hingewiesen, daß der oben erläuterte erste Schöpfungsbericht in Wirklichkeit weniger imperialistisch gemeint sei, doch von den Menschen falsch gedeutet worden sei.

Jedoch: Im Zusammenhang unserer gegenwärtigen Existenzkrise geht es vor allem um die Wirkungsgeschichte, die Rezeptionsgeschichte eines Textes, nicht um die Frage, wie er ursprünglich gemeint gewesen sein mag. Historisch wirksam geworden sind im Abendland aber weniger die bewahrenden Konzepte des zweiten, sondern vor allem die imperialistischen Interpretationen des ersten Schöpfungsberichtes. Die Wirkungsgeschichte (auch innerhalb der christlichen Lehre und Exegese) über mehr als zwei Jahrtausende – vor allem aber während der letzten 300 bis 500 Jahre – spricht da eine eindeutige Sprache.

Außerdem nimmt auch der zweite Schöpfungsbericht vom oben skizzierten grundlegenden Dualismus zwischen Gott und Welt, sowie zwischen Mensch und Welt, nichts zurück, sondern er basiert geradezu darauf. Denn der Mensch wird auch hier nicht verstanden als Bruder und Schwester der Schöpfung, verwoben in ihre Balance, »Schulter an Schulter mit der Natur, nicht ihr gegenüberstehend« (James O. Dorsey, 1894). Vielmehr bleiben Gott und der Mensch auch im zweiten Schöpfungsbericht eindeutig getrennt von der übrigen Schöpfung. Die grundlegende Dichotomie bleibt erhalten, die Natur bleibt ein Stück Eigentum des Menschen, um dessenwillen sie erschaffen wird. Im Unterschied zu anderen orientalischen Religionen und zu Naturreligionen unserer

Zeit ist die Kosmologie des Alten Testamentes also grundsätzlich und durchgehend dualistisch und anthropozentrisch.

So entwickelt sich in der Denktradition der Genesis (1. Buch Mose) ein klarer Gegensatz zwischen dem einen überweltlichen, transzendenten und personalen Gott auf der einen Seite – und der von Gottes Zorn gezeichneten und dem freien menschlichen Zugriff überantworteten Erde auf der anderen Seite. Anders ausgedrückt: Durch die transzendente, (mono-)theistische Gottesidee des Alten Testamentes wird die ganze irdische Welt ent-mythologisiert, freigesetzt, dem unbeschränkten menschlichen Zugriff geöffnet. In dem ausgeprägt theistischen Gottesbild ist also der entscheidende Dualismus grundgelegt, der dann im Verein mit der griechischen Philosophie das abendländische Denken entscheidend geprägt hat: Diese Welt wird in der abendländischen Tradition überwiegend nicht als eine Ganzheit gesehen, sondern sie wird bei ihren einflußreichsten Denkern und in den bestimmenden geistigen Schulen gedeutet und verstanden als ein Gegeneinander dualistisch getrennter und keineswegs gleichwertiger Gegensätze und Widerparte:

Gott – Welt; Geist – Materie; Mensch – Natur; Seele – Körper; Subjekt – Objekt; Jenseits – Diesseits; Pflicht – Neigung; Moral – Trieb; Gnade – Sinnenwelt; Kultur – Natur; Sittlichkeit – Sinnlichkeit; sittliches Sollen – sinnlicher Anspruch; Engel – Tier; Adler – Schlange; Sonntag – Alltag; natürlich – übernatürlich; da oben – hier unten.

Viele andere Gegensatzpaare ließen sich nennen. Von Platon über Descartes, Kant, Fichte und Marx bis Sartre; von Mose über Paulus, Augustinus (z.B. seine Unterscheidung zwischen Gottesstaat und irdischer Welt), die Scholastik, Luther (z.B. seine sogenannte Zwei-Reiche-Lehre), Calvin und den Puritanismus bis hin zu Vertretern der dialektischen Theologie (z.B. Karl Barth, der die Seele als Regent des Leibes versteht) lassen sich unzählige Zeugen für diese dualistische Aufspaltung der Wirklichkeit in der abendländischen Geistesgeschichte finden. Es handelt sich also zweifellos um ein geläufiges und sehr wirkmächtiges Denkmuster unserer geistigen Tradition, nach meiner Überzeugung das wirkmächtigste Denkmuster der ganzen bisherigen Menschheitsgeschichte überhaupt. Man könnte es die abendländische Schizophrenie nennen. Denn es ist durch eine umfassende Zerrissenheit gekennzeichnet: Dem gespaltenen Selbst im Menschen entspricht allzu oft ein gespaltenes Bild vom Menschen, von der Welt und von Gott. Der Dualismus hat also sowohl eine psychologische wie auch eine soziale, eine ontologische und eine metaphysische Dimension.

*

Nun wissen wir aber doch, daß es in der christlichen Tradition auch einen Franziskus von Assisi gegeben hat, der keine Schwierigkeiten hatte, Tiere als seine Mitgeschöpfe, als seine Brüder und Schwestern zu betrachten und zu ihnen eine liebevolle Beziehung zu begründen. In seinem berühmten Sonnengesang geht seine Liebe und partnerschaftliche Zuwendung sogar über die belebte Natur hinaus:

> …
> Gelobt seist Du, Herr,
> mit allen Wesen, die Du geschaffen,
> der edlen Herrin vor allem
> Schwester Sonne,
> die uns den Tag herauf führt und Licht
> mit ihren Strahlen, die Schöne, spendet;
> gar prächtig in mächtigem Glanze:
> Dein Gleichnis ist sie, Erhabener.

Gelobt seist Du, Herr,
durch Bruder Mond und die Sterne.
Durch Dich sie funkeln am Himmelsbogen
und leuchten köstlich und schön.

Gelobt seist Du, Herr,
durch Bruder Wind
und Luft und Wolke und Wetter,
die sanft oder streng, nach Deinem Willen,
die Wesen leiten, die durch Dich sind.

Gelobt seist Du, Herr,
durch Schwester Quelle:
wie ist sie nützlich in ihrer Demut,
wie köstlich und keusch!

Gelobt seist Du, Herr,
durch Bruder Feuer,
durch den Du zur Nacht uns leuchtest.
Schön und freundlich ist er am wohligen Herde,
mächtig als lodernder Brand.

Gelobt seist Du, Herr,
durch unsere Schwester, die Mutter Erde,
die gütig und stark uns trägt
und mancherlei Frucht uns bietet
mit farbigen Blumen und Matten.
…

Auch von Franziskus wird zwar die Trennung zwischen
Gott, Mensch und Welt nicht geleugnet, denn er behandelt
Sonne und Mond und Sterne nicht als beseelte Wesen; dennoch ist dieses Lied ein Zeugnis für eine andere – allerdings
weniger wirkmächtige – christliche Tradition, welche den gerade charakterisierten Dualismus zu begrenzen trachtet.
Denn Franziskus versucht, die Beziehung des Menschen zur
Welt nicht als eine herrschaftliche, sondern als eine partnerschaftliche und mitgeschöpfliche zu begreifen. Das Verhält-

nis des Menschen zur Natur, wie es in diesem Sonnengesang sowie in dem legendären Sprechen des Heiligen Franziskus mit den Tieren und seinem Predigen vor den Vögeln zum Ausdruck kommt, steht indianischem Empfinden offensichtlich nahe. Außerdem steht es für Franziskus in einem engen Zusammenhang mit seinem Armutsideal. Sich aller Schöpfung nahe zu fühlen, bedeutet für ihn auch den Verzicht darauf, sich als Herr der Schöpfung und als Besitzer ihrer Güter zu verstehen.

Selbst im Alten Testament läßt sich für ein solches nicht-herrschaftliches Naturverständnis ein gelegentliches Beispiel finden (obwohl die Natur dort sonst kein Eigenrecht kennt). Vor allem einige Psalmen sind in diesem Zusammenhang eines offenen Naturverständnisses zu nennen, ganz besonders der Psalm 104:

> Lobe den Herrn, meine Seele!
> O Herr, mein Gott, wie bist Du so groß!
> Pracht und Hoheit ist Dein Gewand,
> der Du in Licht Dich hüllst wie in ein Kleid,
> der den Himmel ausspannt wie ein Zeltdach,
> der Wolken zu seinem Wagen macht,
> der einher fährt auf den Flügeln des Sturms,
> der die Winde zu seinen Boten bestellt,
> der die Erde auf ihre Pfeiler gegründet,
> daß sie nimmermehr wankt.
> …
>
> Du läßt die Quellen rinnen durch die Täler;
> da wandern sie zwischen den Bergen hin.
> Sie tränken alle Tiere des Feldes;
> die Wildesel stillen ihren Durst.
> An ihren Ufern wohnen die Vögel des Himmels;
> zwischen den Zweigen hervor erklingt ihr Singen.
> …

Du schaffst Finsternis, und es wird Nacht;
drin regt sich alles Getier des Waldes.
Die jungen Löwen brüllen nach Raub,
heischen von Gott ihre Speise.
Strahlt die Sonne auf, so ziehen sie sich zurück
und lagern sich in ihren Höhlen.
Da tritt der Mensch heraus an sein Werk,
an seine Arbeit bis zum Abend.
O Herr, wie sind Deiner Werke so viele!
Du hast sie alle in Weisheit geschaffen,
die Erde ist voll Deiner Güter.
...

Ich will dem Herrn singen mein Leben lang,
will meinem Gott spielen, solange ich bin.
Möge mein Dichten ihm wohl gefallen;
ich freue mich des Herrn.
...

In diesem Hymnus auf die Erde und ihren Schöpfer wird die Schönheit und Pracht der Natur, ihre Integrität, vom Sänger intensiv dargestellt und gefeiert. Gott erscheint an manchen Stellen geradezu als inneres Prinzip der Welt und des Lebens. Das fällt vor allem dann auf, wenn man einmal den Namen Gottes durch die Worte Natur oder Kosmos ersetzt. Man mag dann glauben, daß man den Schöpfer selbst in der Schöpfung entdecken kann, daß also ein mehr ganzheitliches Welt- und Gottesbild vorherrscht. Auch der Mensch scheint in die von Gott gegründete Welt eingeordnet zu sein, nicht ihr gegenübergestellt.

Doch zugleich erfährt der Sänger diesen Schöpfer in echt alttestamentlicher Weise als den von der Welt getrennten transzendenten Gott. Er hat alles in der Welt gut eingerichtet, er hat sie aus dem Nichts geholt – wie es der Schöpfungsvorstellung entspricht –, doch er selbst bleibt über sie erhaben. So offenbart dieser Psalm zwar einen ausgesprochenen Sinn und eine große Empfänglichkeit des Sängers für die Natur; doch bleibt der biblische Unterschied zwischen Gott und Welt, also der theistische Gottesbegriff, bestehen.

Von diesem Gesang des Psalmisten abgesehen, gibt es im Alten wie im Neuen Testament nur extrem wenige Stellen, an denen die Natur überhaupt erwähnt wird. Im Unterschied zu den religiösen Texten, die aus Naturreligionen herausgewachsen sind, ist die Natur in der Bibel – auch in den Worten Jesu – fast kein Thema. Das Neue Testament hat auch kaum ein Wort für das Tier. Es geht in ihm einfach nicht um die Beziehung des Menschen zur Natur (wie in Naturreligionen), sondern um die Beziehung des Menschen zu Gott und zu seinem – des Menschen – Heil. Beide, Gott und das Heil des Menschen, liegen hier aber nicht *in* der Welt und der Natur, sondern eindeutig jenseits von ihnen. So entspricht der biblischen Anthropozentrik ein christliches Vakuum im Verhältnis zwischen Mensch und Natur, zwischen Mensch und Tier.

Die Tradition des partnerschaftlichen und mitgeschöpflichen Naturverständnisses läuft im Abendland vom Heiligen Franziskus über die Mystiker, Duns Scotus Eriugena, Nicolaus Cusanus, Giordano Bruno (als Dominikanermönch im Jahre 1600 in Rom verbrannt, weil er einen Gott lehrte, »der von Weltlichkeit strahlte«), Spinoza, Novalis, Schelling (»Die Natur ist der Geist, der sich nicht als Geist erkennt«), Schopenhauer, bis zu Albert Schweitzer, Teilhard de Chardin und anderen Denkern. Unter den Dichtern wären für diese ganzheitliche Tradition unter anderen Goethe und Hölderlin zu nennen. Es sind vor allem immer wieder Künstler, Dichter und Visionäre, denen die Ganzheit dieser Welt am Herzen liegt; die Gott in der Welt und in jedem Menschen erkennen; und die sich deshalb immer wieder um eine holistische Weltansicht und Weltdarstellung bemühen.

Es ist keine Frage, daß diese geistige Linie eines mehr ganzheitlichen Natur- und Weltverständnisses im Abendland (im

Unterschied zu asiatischen Weltanschauungen und zu Naturreligionen) immer eine Außenseiterrolle gespielt hat, also immer im Schatten der weit machtvolleren und bestimmenderen Tradition des Dualismus gestanden hat. Dieser Dualismus bestimmte die Trennung von Gott und Welt mit der daraus folgenden Entheiligung alles Weltlichen ebenso wie die Trennung von Mensch und Welt mit der daraus folgenden totalen Nutzbar- und Verfügbarmachung der Welt (bis zur Erschöpfung und zum Raubbau durch den Menschen). Der gleiche Dualismus zeigt sich auch in der Spaltung im Bewußtsein des einzelnen Menschen mit der daraus folgenden Erfahrung von innerer Zerrissenheit und Ungeborgenheit. Schließlich zeigt er sich in der Trennung des Menschen von anderen Menschen, in der Auflösung der menschlichen Gemeinschaft und in der Ersetzung des Miteinanders durch Herrschaft. Man geht sicher nicht zu weit, wenn man noch den Zerfall unserer Welt in zwei große Militärblöcke als eine Auswirkung des abendländischen Dualismus begreift – und den langjährigen prinzipiellen Totalitätsanspruch jeder Seite als eine Auswirkung des Totalitätsanspruches des alttestamentlichen Gottes.

*

Es sei nicht verschwiegen, daß es heute bei uns allerdings ein *wissenschaftliches* Konzept gibt, das den Dualismus von Mensch und Welt, von Leib und Seele, von Subjekt und Objekt (auf dem die bisherige abendländische Wissenschaft ja selbst beruht) zu überwinden trachtet. Dieses Konzept heißt: Evolution – oder naturgeschichtliche Entwicklung. Damit ist nicht nur die biologische Evolution (nach Darwin) gemeint, sondern der Begriff wird ausgeweitet: einerseits auf die gesamte Entwicklung des Kosmos seit dem vermuteten Urknall vor circa 20 Milliarden Jahren (kosmische Evolution) – und andererseits auf die Entwicklung des menschlichen Geistes, seiner Kultur und Gesellschaft (kulturelle Evolution).

Da es heute weithin als gesichert gilt, daß der eine Begriff (der Evolution) auf alles Entstehen aller Wirklichkeit seit der Erschaffung der Materie angewandt werden kann (universelle Evolution) – daß wir also nicht in einem statischen, sondern in einem dynamisch sich entwickelnden Universum leben –, ergibt sich die Konsequenz, daß dann *alle* Wirklichkeit, auch die bisher getrennten Dualismen Körper und Geist sowie Mensch und Welt, nach dem *einen* Prinzip (der Evolution) entstanden sind. »Evolution als Vorgang umfaßt die ganze Wirklichkeit.« (Carl Friedrich von Weizsäcker) Dann haben Geist und Natur eine gemeinsame Geschichte. Dann ist der Prozeß der Evolution der Ort der Begegnung und der Versöhnung aller Gegensätze und Dualismen, auch des Gegensatzes zwischen Mensch und Natur, zwischen Geist und Materie, zwischen Körper und Seele. Denn durch die gemeinsame Geschichte steht alles mit allem in Austausch und Verbindung, hat jedes Einzelne am Ganzen Anteil. – So ergibt sich eine ganzheitliche Weltansicht aus dem Verständnis des allumfassenden Prozesses der Evolution.

Dieses Konzept macht zugleich deutlich, wie dualistisch (und möglicherweise unzutreffend) das statische Schöpfungskonzept (im Alten Testament) von einer abgeschlossenen Schöpfung ist. Dagegen entspricht dieser Gedanke einer allumfassenden Evolution und Selbstorganisation des Universums viel eher dem indischen und hinduistischen Gedanken, daß die Entstehung der Welt weniger eine Schöpfung eines überweltlichen, transzendenten Wesens darstellt, als vielmehr die Selbstentfaltung einer allumfassenden göttlichen Kraft. Diese Urkraft ist nach diesem Verständnis stets und an jedem Ort gleichzeitig vorhanden. Die unendliche Reichweite der göttlichen Urkraft verbindet dabei auch alles Seiende untereinander, verknüpft alles Existierende miteinander, so daß einander ausgrenzende Gegensätze der Idee nach unmöglich sind. Mit anderen Worten: Gott ist der alles mit allem verbindende Grund des Seins.

Dann sind aber wir Menschen nicht Fremde oder gar Herrscher in einem uns feindlichen Universum, sondern alles Leben und der Mensch sind eingebettet in ein Ganzes, aus dem beide stammen und das sich ebenfalls weiterentwickelt. Dementsprechend macht in diesem Denken auch die jüdisch-christliche Vorstellung vom Menschen als »Krone der Schöpfung« wenig Sinn, da die Schöpfung noch gar nicht an ihr Ende gekommen, noch nicht fertig ist; die Welt entfaltet sich erst; die Entwicklung geht weiter; die Schöpfung ist noch im Gang. Die Welt hat nicht die sechs Tage der Schöpfung hinter sich, sondern vielleicht erst zwei oder drei Tage. Die Evolution ist der Prozeß der Schöpfung, und auch die heutige Menschheit ist darin nur eine Übergangsstufe zu weiteren Stationen, nur ein »Zwischenglied« (Konrad Lorenz), keineswegs der krönende Abschluß des ganzen Prozesses. Das entspricht auch indianischem Denken, wie die folgende Charakterisierung der Kosmologie der Hopi-Indianer (durch Elmer und Alyce Green) zeigt:

»Der ganze Kosmos ist auf jeder seiner Stufen sowohl Materie wie Geist. Und in gewisser Weise ist die Entwicklung lebender Wesen von Mineralien und Materie (nicht tote Materie nach diesem Konzept) über Pflanze, Tier und Mensch begleitet von einer Entwicklung und Ausbreitung des Bewußtseins.« (In: Richard O. Clemmer, Continuities of Hopi Culture Change; Ramona/Kalifornien 1978, S. 41)

Der hier zum Ausdruck kommende Gedanke eines ganzheitlichen Weltverständnisses, einer *immanenten Transzendenz*, also eines Gottes, der im Werden der Welt wirkt und schafft, wird nicht nur von dem 1955 verstorbenen französischen Jesuiten Teilhard de Chardin, sondern auch von zahlreichen berühmten Naturwissenschaftlern dieses Jahrhunderts geteilt: Viele bezeichnen sich als religiöse Menschen. Sie bekennen sich zumeist jedoch nicht zu einem theistischen und dualistischen, wohl aber zu einem nach-theistischen, pantheistischen oder pan-entheistischen und ganzheitlichen Gottesbegriff. So bekennt sich etwa Albert Einstein zum pantheistischen Gott Spinozas. Gerade der Pan- Entheismus, nach welchem alles in Gott ist, ermöglicht eine Verbindung der Transzendenz und Immanenz Gottes. Mit dem Begriff eines *Evolutionskosmos* wird versuchsweise von diesen Forschern die theistische Trennung von ungöttlicher Natur und übernatürlichem Gott zurückgewiesen.

»Im Rahmen der Quantentheorie wird der cartesische Dualismus von Bewußtsein und Materie überflüssig. Die Quantentheorie wäre mit einem spiritualistischen Monismus vereinbar, der eine einzige Wirklichkeit anerkennt und diese … Geist nennt.« (C. F. von Weizsäcker, Bewußtseinswandel; München 1988, S. 256) – Am Menschen erkennt man, daß Materie zumindest die Potenz zur Teilnahme am Geistigen hat. Damit besitzt sie und auch jedes materielle Ding sowie jedes noch so primitive Leben einen Eigenwert; d.h., ihr Wert ist nicht nur vom Menschen abgeleitet. Die Natur ist nicht nur Mittel auf dem Weg zum Menschen. So wird die zentrale Position des Menschen, der Anthropozentrismus jüdisch-christlich-abendländischer Prägung, zumindest relativiert.

Am wichtigsten aber erscheint: Aus dieser Auffassung von der universellen Evolution läßt sich gegen alle Angst vor unserer Zukunft auch ein Optimismus gewinnen. Denn die Evolution ist immer wieder in Sackgassen geraten, z.B. sind Pflanzen oder Tiere entstanden, die nicht lebensfähig waren. Durch die Fähigkeit zur Selbstorganisation sowie durch ihre Lernfähigkeit und Selbsterhaltung ist es der Evolution aber immer wieder gelungen, aus solchen Sackgassen herauszufinden. Vielleicht dürfen wir darum hoffen, daß auch die kulturelle Evolution des menschlichen Geistes wieder aus Sackgassen herausfindet, in die sie zunehmend gerät.

Ich fasse zusammen: Die Naturwissenschaft abendländischen Stils scheint im Laufe ihrer Entwicklung einen Kreis zu beschreiben: Sie ist selbst nur möglich gewesen aufgrund des abendländischen Dualismus, der die Welt zum frei verfügbaren Objekt des denkenden Geistes machte. Jetzt aber trägt sie dazu bei, diesen Dualismus zu überwinden und wieder ein ganzheitliches Weltbild zu gewinnen. Damit kehrt sie zu kosmologischen Konzepten zurück, welche Indianer und andere Naturvölker sowie asiatische Kulturen in vorwissenschaftlicher Form immer beibehalten und vertreten haben. So formuliert es eine Pueblo-Sioux-Indianerin (Paula Gunn Allen, geb. 1939):

Dieses Konzept (der Verwandtschaft aller Seinsbereiche) bezieht sich ebenso ... auf die übernatürlichen wie auf die sichtbaren Aspekte des Universums. Indianisches Denken nimmt keine solche dualistische Teilung vor, und es zieht auch keine harte Trennungslinie zwischen dem, was materiell ist, und dem, was spirituell ist. Denn diese zwei sieht man als zwei Ausdrucksweisen einer einzigen Wirklichkeit – so wie wenn das Leben sich in doppelter und gegenseitig austauschbarer Weise kundtut.
Und dieses Leben stellt in vielen Fällen praktisch identische Ansichten einer Wirklichkeit dar, die in ihrem Wesen mehr Geist als Materie ist – oder besser: die gerade ihre geistige Struktur in einer sichtbaren Weise offenbart.

3. Der Weg zum Nichts: Dualismus in der philosophischen Tradition des Abendlandes

Ein Wunder ist das, was sich ein Materialist vorstellt, um seinem Materialismus zu entkommen.

Gregory Bateson

Ich habe schon auf die zweite entscheidende Wurzel der dualistischen abendländischen Denktradition hingewiesen: die klassische griechische Philosophie. Tatsächlich läßt sich auch philosophisch der Dualismus als die prägende Form abendländischen Denkens aufweisen. Das soll im folgenden etwas ausführlicher dargestellt werden. Der italienische Philosoph Emanuele Severino (geb. 1929) hat dazu in seinem Buch »Vom Wesen des Nihilismus« (Stuttgart 1983) aufschlußreiche Überlegungen vorgelegt, auf die ich im folgenden wiederholt zurückgreife.

Eine entscheidende Quelle der abendländischen Philosophie ist – wie wir wissen – Griechenland. Nun ist es auffallend zu sehen, daß der europäische Geist fast gleichzeitig mit seinem Erwachen im antiken Griechenland eine dualistische Weltsicht entwickelt. Das gilt – wie gesagt – noch nicht für die sogenannten Vorsokratiker, die vor allem mythisch-ganzheitlich denken und deuten, aber es gilt spätestens für Platon (427-347 v. Chr.) und Aristoteles (384-322 v. Chr.).

Platon erkennt nicht mehr ein ganzheitliches Sein dieser Welt an, sondern er unterscheidet zwischen dem *Sein* und dem *Seienden*, zwischen den Ideen der Dinge und ihren Schatten. Alle materiellen Dinge – alles, was unseren Sinnen begegnet – sind nur Schatten der geistigen Strukturen der Dinge, der Urbilder, eben der Ideen. Damit wird die Ganzheit der einen

41

Welt in zwei Seinsbereiche zerbrochen: in den Bereich des ewigen, idealen, göttlichen Seins der intelligiblen Ideen, das notwendigerweise aus sich selbst heraus existiert; und in den Bereich des sinnlich erfahrbaren diesseitigen Seienden, der Welt, der Materie und Sinnenhaftigkeit. Dieser existiert nicht aus eigener Notwendigkeit heraus und stellt deshalb gegenüber der wahren Welt der Ideen etwas eher Zweitrangiges dar. Er ist auch zur Nicht-Existenz fähig, schwebt somit zwischen Sein und Nicht-Sein. Das Ganze der Welt wird dementsprechend von Platon mit Hilfe von Gegensatzpaaren im Sinne einer Zweiteilung verstanden: Geist – Stoff; Idee – Materie; Seele – Leib; Einheit – Vielheit. So ergibt sich die platonische Zwei-Welten-Theorie, welche auch die menschliche Seele deutlich vom Körper scheidet.

Aristoteles entwickelte danach die verwandte Unterscheidung zwischen Form und Materie; zwischen Verwirklichung/Akt (Etwas-Sein) und Möglichkeit/Potenz (Etwas-Sein-Können); zwischen dem Ersten Beweger und allem Bewegten. Nur der Erste Beweger, reiner Akt und reine Form, ist unkörperlich, unveränderbar, ewig und ohne eine Spur des Nichts in seinem Sein. Er steht deshalb außerhalb alles Bewegten, herrscht gewissermaßen von außen. Alle (gestaltlose und unstrukturierte Erste) Materie dagegen ist zunächst nur Möglichkeit/Potenz, nicht zu eigener Bewegung fähig und deshalb aus Sein und Nicht-Sein gemischt. – Diese Trennung setzt sich bei Aristoteles dann fort in der Scheidung von Leib und Seele, von Subjekt und Objekt und in der Herausarbeitung weiterer Dichotomien.

Also: Die Ideenwelt Platons und der reine Akt des Aristoteles sind die Art und Weise, wie am Beginn des Abendlandes das unveränderliche (göttliche) Sein gedacht – und zugleich von allem anderen (irdischen) Seienden unterschieden wird. Sowohl bei Platon wie (mit gewissen Einschränkungen) bei Aristoteles zerfällt die Welt in ihrer Gesamtheit damit in zwei sehr unterschiedliche und (weitgehend) dualistisch geschiedene Seinsweisen, ist also keine ganze mehr.

Ähnlichkeiten zwischen diesem griechischen Denken und dem biblischen Denken sind leicht zu erkennen. Der platonisch-aristotelische Dualismus von der absoluten Reinheit der Idee/Form und der unreinen Vermischtheit der tatsächlichen Welt – wie ähnlich erscheint er doch der biblischen Zweiteilung der Welt in ein überweltliches Jenseits mit einem absolut guten Gott einerseits und ein weltlich-niedriges Diesseits mit seiner Abhängigkeit und Erbsündigkeit andererseits! Außerdem: Beide Denktraditionen fordern zu (dualistischen) Ja-Nein-Entscheidungen auf und lehnen die (ganzheitliche) Haltung des Sowohl-als auch ab. Eine Ehe zwischen dem (philosophischen) griechischen und dem (religiösen) jüdisch-christlichen Dualismus, vor allem zwischen Platon und dem frühen Christentum, bot sich geradezu an. Und sie fand auch tatsächlich statt. Vor allem geschah eine theologische Aneignung der platonischen Ideenlehre durch die griechischen Kirchenväter. Kein Wunder: Diese doppelte Gründung des Dualismus hat diesem seine weltverändernde Dynamik und seine überwältigende Schubkraft verliehen.

So konnte dieser Dualismus die ganze abendländische Geistesgeschichte bis in unsere unmittelbare Gegenwart prägen: Augustinus wurde nicht nur von der Bibel, sondern auch von der Philosophie Platons zutiefst beeinflußt; Albert der Große und Thomas von Aquin führten die Philosophie des Aristoteles in die abendländische Theologie ein; Descartes vollzog die absolute Trennung zwischen »res extensa« (Körper) und »res cogitans« (Seele) und verstand dementsprechend Tiere, da sie keine Seele hätten, als reine Maschinen; Kant entwickelte das Konzept des autonomen individuellen Bewußtseins und vollzog auch in seinem ethischen Rigorismus eine strenge Trennung zwischen Mensch und Natur sowie zwischen Gott und Natur; Marx steht in der Linie des Dualismus mit seiner Theorie vom Klassenkampf, für den es selbstverständlich ist, daß die Natur nur das Material zur Verfügung stellt, um daraus die historischen Kräfte der menschlichen Produktivität zu entwickeln.

Diese und andere philosphische Konzepte waren dazu angetan – und haben dazu beigetragen –, den Unterschied zwischen dem denkenden Selbst des Menschen und allem anderen (also dem, was nicht denkendes Selbst ist) zu vertiefen. Die Trennung in Natur- und Kulturwissenschaften, mit der sich bekanntlich ganze Generationen von Philosophen herumgeschlagen haben, war eine weitere Konsequenz dieses Teilungsdenkens. Ihren Höhepunkt erreichte diese dualistische Auffassung in unserem Jahrhundert bei dem französischen Philosophen Jean-Paul Sartre, der das Konzept der völlig autonomen und rein rational sich selbst entwerfenden Person, die in keinen vorgegebenen Zusammenhang mehr eingefügt ist, entwickelte.

So ergibt sich die Absurdität einer Vision der menschlichen Existenz, welche gänzlich und total getrennt ist von allen Bezügen und allen Zusammenhängen mit Natur und Universum. Unter diesem Aspekt liegt Sartres Konzept des autonomen Menschen (überraschenderweise?) durchaus in der Konsequenz eines griechisch (und biblisch) begründeten abendländischen Dualismus. – Gegenüber diesen vorherrschenden dualistischen Tendenzen hatten es Versuche des ganzheitlichen Denkens im Abendland immer schwer, ihre so anders geartete Weltansicht zur Geltung zu bringen – wir hörten es schon im vorhergehenden Kapitel.

Der vorherrschende Dualismus im Abendland war (und ist) natürlich nicht nur eine Sache der Theorie und der Philosophie, sondern er hat durch die ihm innewohnende ungeheure Unruhe und Unrast die Lebensform der Menschen, ihre Gewohnheiten und Sitten und damit auch die europäische Geschichte geprägt. Das zeigt sich unter anderem am widersprüchlichen Charakter der abendländischen Geschichte: Mehr als die Geschichte anderer Kulturen erscheint die europäische Geschichte als ein endloses Schauspiel von Kampf und Entgegensetzung; von Auseinandersetzung und Zwietracht; von Ausschließlichkeitsanspruch und Abgrenzung; von Vereinnahmung und Abstoßung; von Zusammenstoß und Widerspruch – eben von trennenden, dualistischen und antagonistischen Verhaltensmustern.

So konnte der Begriff der Vergewaltigung – nicht nur von Frauen, sondern auch der Natur, anderer Völker, des eigenen Selbst – zu einer »zentralen Metapher unserer Kultur« (Fritjof Capra) werden. Erinnert sei in diesem Zusammenhang an die Kreuzzüge, die Inquisition, die Religionskriege (vor allem in der Folge der Reformation), die Vernichtung eingeborener Bevölkerungen und Kulturen im Prozeß des Kolonialismus, also der Europäisierung und Christianisierung der ganzen Welt – und vieles andere mehr. Diese Dinge veranlaßten Hegel, die europäische Geschichte mit einer Schlachtbank zu vergleichen. Die von Europa ausgehenden zwei größten Vernichtungskriege der Menschheit in diesem Jahrhundert stellen einen zumindest quantitativen Höhe-, besser Tiefstpunkt dieser abendländischen Tradition dar. Das aus dualistischem Denken geborene Freund-Feind-Denken taucht immer wieder auf. Um nur einige Beispiele zu nennen: Jahwe gegen Baal; Christen gegen Ungläubige; Rechtgläubige gegen Häretiker; Katholiken gegen Protestanten; Deutsche gegen Franzosen; Faschisten gegen Juden; kapitalistischer Westen gegen kommunistischen Osten. (Der Leser verzeihe den notwendigerweise verkürzten Parforceritt durch die Geschichte.)

Der auch der Bibel innewohnende spannungsgeladene Geist des Dualismus war – in Verbindung mit dem philosophischen Dualismus – offensichtlich machtvoller als die Botschaft vom Frieden auf Erden, als die Verkündigung von der Ankunft des Heils, als die Gebote der Nächstenliebe. So wur-

45

de diese (abendländische) Menschenwelt wahrscheinlich zu einer fried-loseren, einer heil-loseren und einer lieb-loseren, als es andere Menschenwelten waren.

Dabei ist Krieg gegen andere Menschen, gegen die Natur oder gegen das eigene Selbst möglicherweise der Versuch, dem aus dem Dualismus erwachsenden Materialismus und Nihilismus zu entkommen und sich durch die Vernichtung anderen Lebens vor der Selbst-Vernichtung (im Sinne des Nihilismus) zu schützen. (Vgl. Norbert Copray: In Hoffnung widerstehen – Wege aus der Krise. München 1988, S. 78.) Dieser Begründungszusammenhang bestätigt jedoch nur die Feststellung, daß sich die unheil-barsten Gegensätze und Antagonismen nicht anderswo, sondern in der abendländischen Kultur entwickelt haben: »Christentum und Anti-Christentum, Theismus und Atheismus, Knecht und Herr, Spiritualismus und Materialismus, realistische Philosophie und idealistische Philosophie, Metaphysik und Anti-Metaphysik, ... Glaube und Vernunft, bürgerliche Ökonomie und sozialistische Ökonomie, Demokratie und Absolutismus.« (Severino, S. 29)

Seit Platon und seinen Nachfahren gilt, daß nur das Reich der Ideen, nur das Geistige und Göttliche beständig, unveränderlich und ewig ist. Für die alltägliche Wirklichkeit unserer Welt gilt dagegen, daß sie einmal nicht war und einmal nicht sein wird; daß sie also aus dem Nichts in das Sein gekommen ist und auch wieder aus dem Sein in das Nichts zurückkehren wird; daß sie also nicht aus eigener Notwendigkeit heraus existiert. Sie ist somit eine Schwingung zwischen dem Sein und dem Nichts. Die mittelalterliche Philosophie spricht in ähnlicher Weise von dem kontingenten (innerweltlichen) Seienden im Unterschied zum absoluten (göttlichen) Sein.

Durch den griechischen Dualismus wird den Dingen der Welt also der volle Seinscharakter genommen. In die gleiche Richtung wirkt der jüdisch-christliche Dualismus mit der daraus folgenden Entgöttlichung und Entheiligung der Welt.

Infolgedessen konnte sich im Laufe der europäischen Geschichte eine Mißachtung dieser nur »zufälligen« Dinge breitmachen. Es war dieses Konzept der irdischen Wirklichkeit als eines nicht notwendigen und eines nicht heiligen Seienden, das dem (abendländischen) Menschen die Möglichkeit bot, die Dinge der Welt als für den Menschen unbeschränkt verfügbar zu verstehen; ihnen also Eigenwert und Unverfügbarkeit abzusprechen. Damit wurden sie aber zugleich unbegrenzt und nach Belieben machbar und zerstörbar, erwerbbar und verkaufbar. Diese materialistische Auffassung der Welt wurde dann zur Grundlage der Kultur der Technik, welche das Abendland entwickelt und in unserer Zeit zur Blüte gebracht hat.

Das heißt zugleich: Unsere heutige Kultur der Technik, des Materialismus (und damit letztlich des Nihilismus) stellt in ihrem Kern nicht ein Abweichen von traditionellen abendländischen Wertvorstellungen und Sichtweisen dar; und die gegenwärtige geistige Krise hat ihre Ursache nicht in erster Linie in einem Verfall der traditionellen Werte; sondern sie verkörpert die äußerste – wenn auch sicherlich unbeabsichtigte – Erfüllung dieses Weltverständnisses. In den Umweltproblemen unserer Gegenwart erleben wir die bisher letzten Konsequenzen des philosophischen Denkens eines Platon und Aristoteles wie auch des religiösen Denkens eines Mose.

Die neue Welt ist ... der Triumph der alten.
(Severino, S. 20)

... der Nihilismus, die zu Ende gedachte Logik unserer
großen Werte und Ideale. (Friedrich Nietzsche, 1844-1900)

Nietzsche sah in den Wissenschaften von ihren Anfängen (bei den Griechen) an einen nihilistischen Grundzug. Die Sorge, daß sich daraus der Untergang des Abendlandes entwickle, beschäftigte ihn zeit seines Lebens. Und auch Heidegger sah im Nihilismus die Konsequenz der metaphysischen Tradition des Abendlandes, aus der die technische Beherrschung des Seienden möglich geworden war.

Die durch den Dualismus ermöglichte »Mißachtung« der Dinge äußert sich also im Glauben an die Manipulierbarkeit aller Dinge ebenso wie im Glauben an ihre unbegrenzte und willkürliche Herstellbarkeit und Zerstörbarkeit, ihre Produktion und Destruktion. Auch die Bereitschaft zur hemmungslosen Vernichtung, nicht nur in den Kriegen der Vergangenheit, sondern z.B. auch im Akt des bedenkenlosen Konsumierens in unserer heutigen Wegwerf- Gesellschaft, wurzelt an der gleichen Stelle. Die dualistische Weltsicht gebiert den »Plan der unbeschränkten Herrschaft über alle Dinge« (Severino, S. 16).

Zum erstenmal in der Geschichte der Menschheit hat die griechische Philosophie einige Jahrhunderte vor Christus den Sinn d(ies)er absoluten Verfügbarkcit des Dinges freigelegt: in dem Augenblick, in dem sie das Ding als dasjenige versteht, was zwischen dem Sein und dem Nichts oszilliert. (Severino, S. 23)

Was begründet also (nach Severino) den grundlegenden abendländischen Nihilismus? Es ist die Bereitschaft der dualistischen Weltauffassung, zwischen notwendigem Sein und abhängigem Seienden, zwischen absolutem Sein und kontingentem Seienden zu unterscheiden; dem kontingenten Seienden das Nicht- Sein an die Seite zu stellen; es also in gewisser Weise zu ver*nicht*en; und es in seiner Erscheinung durch die eigene Lebenspraxis als unbekümmert machbar und zerstörbar zu behandeln.

Der Nihilismus ist das Ethos, die Wohnstätte des Abendlandes. Seine Struktur. Die Geschichte des Abendlandes ist die Geschichte des Nihilismus. (Severino, S. 29)

Die Verbindung vom Dualismus zum Nihilismus ist dabei in einer recht einfachen Gedankenfigur nachzuzeichnen: Der

Dualismus zieht die (in mythisch geprägten Naturreligionen eng verwobenen) Stränge des Heiligen und des Profanen auseinander; er trennt das eine ganzheitliche Sein in zwei sehr unterschiedliche Seinsweisen, nämlich in das göttliche Sein und das irdische Seiende; nicht mehr alle Dinge werden als heilig und von göttlichen Kräften bewohnt angesehen, wie es bei Naturvölkern prinzipiell der Fall ist; vielmehr wird das Heilige verabsolutiert und das Profane diesem gegenübergestellt. – In dem Augenblick nun, in dem ein Mensch den ungeheuren Abstand des absoluten Gegensatzes zwischen Gott und Welt nicht mehr ertragen – oder das so ganz andere göttliche Sein aus irgendeinem Grunde nicht mehr anerkennen kann, bleibt für ihn nur noch das kontingente, entheiligte, irdische Seiende übrig. – Anders gesagt: Wer Gott nur im Himmel vermutet, kann ihn leicht verpassen, wenn er den Glauben an diesen Himmel verliert.

So kann aus dem biblischen und dem griechischen Dualismus eine Verneinung des Jenseitsglaubens und ein atheistisches und materialistisches Diesseitsdenken entstehen. So offenbart sich der (abendländische) Nihilismus als ein unverkennbares Kind des (abendländischen) Dualismus.

Es kommt hinzu, daß der eifersüchtige Gott des Alten Testamentes und der Absolutheits- und Ausschließlichkeitsanspruch biblischer Religionen anderen religiösen Lebensformen zumeist keine Existenzmöglichkeiten gelassen hatten. So stehen sie als Rückzugslinien oft nicht mehr zur Verfügung. Damit entsteht für den, der aus dem biblischen Glauben herausfällt, jenes »spirituelle Vakuum« (F. Capra), das für die abendländische Kulturtradition immer wieder kennzeichnend gewesen ist. Und aus diesem spirituellen Vakuum werden Materialismus und Nihilismus geboren. Aus der entgöttlichten Welt des Alten Testamentes ist so in der historischen Wirklichkeit oftmals eine gottlose Welt geworden.

Es ist also gewiß nicht zufällig, daß sich Atheismus, Materialismus und Nihilismus immer wieder in der abendländischen Denktradition finden – und nur hier. »Erst in der modernen europäischen Gesellschaft hat der areligiöse Mensch sich voll entfaltet.« (Mircea Eliade) – Dasjenige Denken andererseits, das keinen Gott-Welt- und keinen Leib-Seele-Dualismus kennt, kann nicht so im Materialismus enden, weil ihm Dinge und Materie immer zugleich geistdurchwirkt und deshalb wirkmächtig sind.

Ich halte es allerdings – im Unterschied zu Severino – dennoch für korrekter und für zutreffender, nicht zunächst den Nihilismus, sondern den Dualismus als das Wesen der abendländischen Geistesgeschichte zu sehen. Denn erst durch das Auseinanderdividieren des einen Seins in zwei sehr unterschiedlich gewichtete Seinsweisen wurde die Denktradition des Abendlandes – und damit auch die Möglichkeit des Nihilismus – geboren.

Christliche Theologen – vor allem Vertreter der dialektischen Theologie und des »credo quia absurdum est« – haben gelegentlich die »totale Verweltlichung der Welt« als eine der großen positiven Folgen der jüdisch-christlichen Entgöttlichung und Entheiligung der Welt bezeichnet. Wenn man das bedenkt, dann mag man verstehen, wieso Severino Christentum und Nihilismus miteinander verbindet – und daß der Angelpunkt dieser Verbindung der (biblische) Dualismus ist. Wilhelm Höck läßt den seine kirchlichen Richter anklagenden Giordano Bruno vor seiner Hinrichtung (1600) über die Heraufkunft des Materialismus und Nihilismus sagen: »Ihr werdet danebenstehen, anklagen, klagen – und nicht verstehen, daß ihr das alles in Gang gesetzt habt.« – Für denjenigen, der kirchliche Verlautbarungen registriert, beschreibt dieser Satz nicht nur vergangene, sondern auch gegenwärtige Wirklichkeit.

So offenbart sich der (abendländische) Nihilismus als ein un-

verkennbares Erbe des (abendländischen) Dualismus. Dieser
Nihilismus kommt dabei in sehr verschiedenen Weisen zum
Ausdruck: zunächst als Verlust des Sinn-Horizontes. Daraus
folgt die Suche nach Sinn-Ersatz: im Drogenkonsum; in der
Anfälligkeit für z.T. wilde Ideologien; in einer Verabsolutie-
rung der Sexualität; im Spiel mit hochtechnisierten Produk-
ten einer naturfernen Zivilisation; in Besitzgier und gelebtem
Materialismus, wie wir ihn alle praktizieren.

Die dualistische Deutung der Wirklichkeit – und damit die
zweieinhalbtausendjährige geistige Tradition des Abendlandes – beruht nun nach Severino auf einem gedanklichen Irr-
tum. Eine Vermischung (Identifikation) von Sein und Nicht-
Sein, wie sie bei Platon und Aristoteles für das irdische Sein
der Dinge entwickelt wird, verstößt nach seiner Ansicht gegen den Satz vom Widerspruch: Nach diesem kann etwas
nicht zugleich und in gleicher Hinsicht sein und nicht sein.
Sie verstößt auch gegen den Satz vom Ausgeschlossenen
Dritten: Nach diesem kann es zwischen Sein und Nicht-Sein
desselben Sachverhaltes kein Drittes, Mittleres geben. Das bedeutet: Auch das innerweltlich Seiende kann nicht als
Schwingung zwischen Sein und Nichts gedeutet werden, da
sich Sein und Nichts grundsätzlich ausschließen. Es mag
höchstens vorkommen, daß das Sein eines Dinges nicht in
Erscheinung tritt, z.B. bevor es entsteht oder nachdem es ver-
gangen ist. Darum ist das Ding aber noch kein Nichts geworden – ebensowenig wie die Sonne zu sein aufhört, wenn sie
unseren Blicken entschwunden ist.

»Die Wahrheit des Seins sagt, daß alles ewig ist.« (Severino,
S. 31) Das Sein eines Blattes Papier kann auch dann nicht
zu einem Nicht-Sein werden, wenn dieses Blatt verbrennt.
Das Sein ist beständig, nur erscheint es nicht mehr. Auf den
Menschen übertragen, bedeutet dies, daß Körper *und* Seele
des Menschen dauerhaft im Sein bleiben, also unsterblich
sind. Ihre Erscheinungsweise mag sich allerdings ändern.

Alles Werden und alles Vergehen, alles Zum-Vorschein-Kommen und alles Verschwinden, sind Veränderungen der Erscheinungsweisen der Dinge, nicht Veränderungen ihres Seins. Denn es »befindet sich alles, was tot ist und was noch nicht geboren ist, schon immer und für immer in Gemeinschaft mit dem ganzen Sein.« (Severino, S. 189) Der Mensch ist die »ewige Offenbarung der Wahrheit des Seins« (Severino, S. 57).

Wenn man diesen Gedanken Severinos zu Ende denkt, ergibt sich, daß es nur ein einziges ganzheitliches Sein gibt. Dieses ist im ewigen Schauspiel des Seins, im ewigen Tanz des Erscheinens und Verschwindens in vielerlei Weise gegenwärtig. Und dieses Sein ist ewig.

In diesem Blick ist jedes Ding ewig, und der Wechsel des Schauspiels der Welt, das Erscheinen des Wechsels, ist das Aufgehen und das Untergehen, das Sich-Zeigen und das Sich- Verbergen des ewigen Sonnen-Ganzen (Severino, S. 47).

So unterstützt diese philosophische Denkfigur, die den Grundsatz vom Widerspruch und vom Ausgeschlossenen Dritten strikt auf diese Welt anwendet, die Abwehr eines dualistischen Verständnisses von Welt in dem hier gemeinten Sinn. Auch die hochphilosophische Spekulation eines Emanuele Severino weist also einen Weg, nach zweieinhalbtausend Jahren abendländischer Denktradition einen ganzheitlichen, universalistischen, holistischen und integrativen Begriff der Wirklichkeit wiederzugewinnen: bei dem die Stränge des Notwendigen und des Vergänglichen, des Heiligen und des Profanen nicht auseinandergezogen sind; wo alles Seiende als ewig, als geistdurchwirkt, als heilig verstanden wird; wo der Prozeß der Entsakralisierung und damit der Dualisierung der Wirklichkeit noch nicht stattgefunden hat; wo es letztlich nur ein einziges ganzheitliches Sein gibt.

Fassen wir zusammen: Platon unterscheidet zwischen dem herausgehobenen göttlichen, ungeschaffenen und unveränderlichen Sein der Ideen auf der einen Seite und der Welt des den Sinnen erscheinenden empirischen Seienden auf der anderen. Er erschafft durch sein Denken gewissermaßen die Trennung: auf der einen Seite das Reich der Ideen; auf der anderen Seite die Welt der Empirie, der Erscheinungen. So begründet er den abendländischen Dualismus – der zugleich durch das Schöpfungskonzept und den Theismus des Alten Testaments außerordentlich verstärkt wird. Danach ist nur die göttliche Welt ewig und unveränderlich. Die den Sinnen zugängliche Welt der Erscheinungen ist dagegen zwischen Sein und Nichtsein angesiedelt, da sie entsteht und vergeht. Durch diesen Dualismus zweier Welten, der sich in der ganzen abendländischen Geistesgeschichte als bestimmende Denktradition durchhält, hat Platon letztlich die Welt den Menschen als »verfügbare« Welt in die Hand gegeben – ganz ähnlich wie Mose es in der Genesis des Alten Testamentes getan hat – und so unsere heutige technologische Kultur des ungehemmten Machens und Zerstörens erst möglich gemacht. So entstand »eine Gesellschaft und Kultur … in der das Prinzip der Vernichtung und der Nichtigkeit geheimer Motor von Wachstum und Entwicklung ist« (N. Copray, S. 70).

Dabei kommt in dem dualistischen Weltbild auch der denkmethodische Fehler zur Geltung, daß dasjenige, was erkenntnismäßig (logisch) voneinander differenziert wird, unberechtigterweise auch als seinsmäßig (ontologisch) getrennt betrachtet wird. Anders ausgedrückt: Was denknotwendig ist – nämlich die Differenzierung im Denkakt –, ist nicht darum auch seinsnotwendig. Oder: Wenn man etwas erkenntnismäßig differenziert, dann ist es darum noch nicht seinsmäßig getrennt. »Die Welt ist nicht aus Objekten zusammengesetzt. Wir zerlegen sie nur in solche, um uns zurechtzufinden.« (C. F. v. Weizsäcker)

Am Beginn des Abendlandes steht der mosaische wie der platonische Dualismus; steht der Ausschließlichkeitsanspruch des alttestamentlichen Gottes sowie die griechische Tradition der (nur) einen Wahrheit. Die griechische Philosophie sucht das Beständige in der Natur gegenüber dem Wechsel in den Erscheinungen. So kommt sie zu dem ewigen Prinzip: der Idee des Guten bei Platon; dem unbewegten Beweger bei Aristoteles. – Das Alte Testament sucht den ewigen Gott gegenüber der irdischen Welt. So kommt es zum Konzept des persönlichen und transzendenten Gottes. Beide Gedankenbewegungen, die griechische und die jüdische, sind dualistisch, weil beide das reale Sein unserer Welt in zwei Teile auseinandernehmen, es also aufspalten.

Die Mächtigkeit dieser zweifachen Begründung des Dualismus hat die vehemente Dynamik und Kraft des Abendlandes erst möglich gemacht; hat seine Imperialismen, vor allem auch den kosmischen Imperialismus, begründet; hat die heutige technologische Manipulation und die daraus resultierenden gewaltigen Gewinne sowie die existentielle Gefährdung der Welt entstehen lassen.

Ein neues Paradigma des Denkens versucht, gerade diesen mehrtausendjährigen Dualismus des Abendlandes in unserer Zeit zu überwinden. Es ist ein neues Wirklichkeitsverständnis, das heute nicht nur in esoterischen Kreisen und nicht nur in der Philosophie eines Severino, sondern auch in der klassischen Wissenschaft der Physik Land zu gewinnen trachtet (so auf dem Kongreß *Geist und Natur* in Hannover im Mai 1988); es versucht, integrativ zu denken statt distinktiv und exklusiv; es versucht, die ursprüngliche Ganzheit der einen Welt wiederzugewinnen – entsprechend dem Wort Goethes:

> Natur hat weder Kern noch Schale,
> alles ist sie mit einem Male.

4. Kosmische Herrschsucht des Menschen

> Wir sind von der Erde und wir gehören zu ihr. O Mutter
> Erde, ... jeder Schritt, den wir auf Dir tun, sollte in heiliger
> Weise getan werden. Jeder Schritt sollte wie ein Gebet sein.
> *Black Elk, Medizinmann der Sioux*

Unter der Überschrift »Heiliger Ort wird plattgewalzt« war folgende Nachricht vor einiger Zeit in unseren Zeitungen zu lesen:

Die indianischen Ureinwohner der Vereinigten Staaten von Amerika haben vor dem Obersten Gericht in Washington eine Niederlage erlitten. Mit 5 : 3 Stimmen befanden die Richter am Dienstag abend, daß die US-Regierung in einem den Indianern heiligen Gebiet des Nationalforstes Six Rivers in Kalifornien eine Straße bauen und Holz fällen darf. Die religiösen Rechte der betroffenen Stämme – Yurok, Karok und Tolowa – würden davon nicht verletzt, hieß es in der Urteilsbegründung.

Die Indianer hatten geltend gemacht, daß sie für ihre Religionsausübung Einsamkeit, Ruhe und eine unberührte Natur brauchen.

Die Richterin Sandra Day O'Connor begründete die Entscheidung mit den Worten: »Selbst wenn angenommen wird, daß das Vorgehen der Regierung hier praktisch die Möglichkeiten der Religionsausübung der Indianer stört, gibt es in der Verfassung einfach kein Prinzip, das die Durchsetzung ihrer Rechtsforderungen rechtfertigt.«

Richter William Brennan erklärte im Minderheitsvotum: »Das heutige Urteil opfert eine Religion, die mindestens so alt wie die Nation selbst ist, und das geistliche Wohlergehen von etwa 5 000 ihrer Anhänger.«

Wir alle haben noch die Bilder vom Fernsehen im Kopf, in denen Tausende von toten Aalen aus dem Rhein gefischt wurden, weil bei einem Chemiewerk eine Unachtsamkeit passiert war. – Wir wissen noch um die Vernichtung des Fleisches ganzer Rentierherden, weil es durch Tschernobyl verseucht war. – Danach lasen wir in der Zeitung, daß die ganze Stadt Tschernobyl abgerissen werden soll, weil der Ort für Jahrzehnte oder für Jahrhunderte nicht mehr für den Menschen bewohnbar, ihm nicht mehr zuträglich ist. Die Regenwälder der Erde werden gerodet; unsere Wälder sterben ohne Rodung; das Ozonloch vergrößert sich; der Treibhauseffekt bedroht riesige Regionen der Erde mit Überschwemmungen ...

Diese Liste von Umweltkatastrophen und die Nachricht vom vergeblichen Kampf eines Naturvolkes gegen die Zerstörung eines ihm heiligen Ortes ließen sich ohne Schwierigkeit verlängern. Nahezu täglich werden wir in den letzten Jahren mit solchen Nachrichten geschockt. Wir rufen dann nach Abhilfe, klagen »die anderen« an – und erlahmen doch sehr bald mit dem erbärmlichen Gefühl eigener Hilflosigkeit. Riesige anonyme Kräfte scheinen wirksam zu sein – früher nannte man sie Dämonen – und gegen die fühlen wir uns machtlos. »Eine große nihilistische Maschine ist in Gang gesetzt worden, und dem Menschen mangelt es offenbar an Kompetenz, sie anzuhalten und umzukehren.« (N. Copray, S. 70) Und so sinken wir nach jedem emotionalen Aufbruch, nach jedem Ruf des Entsetzens, nach jeder Klage und Anklage bald wieder wie gelähmt in unseren – in materieller Hinsicht recht komfortablen – Sitz zurück.

Steuern wir ebenso unausweichlich und ebenso ohnmächtig auf eine ökologische Katastrophe zu wie frühere Generationen in kriegerische Katastrophen geschlittert sind?

Der Vergleich mit früheren Kriegen ist nicht unberechtigt. Denn es scheint, daß unsere Beziehung zur Natur vom gleichen Prinzip beherrscht wird, von dem in früheren Kriegen die Beziehung der Völker zueinander beherrscht war. Anders ausgedrückt: Wir führen auch heute Krieg, manchmal geradezu einen Vernichtungskrieg. Zwar nicht gegen andere Völker, aber gegen die Natur, gegen die sogenannte Um-Welt.

Die psychischen und auch die physikalischen Phänomene sind weitgehend die gleichen: Die Ambivalenz der Natur wird als »Feindseligkeit« gedeutet (A. Auer, S. 200); wir verhalten uns, als wolle die Natur uns überall unser Lebensrecht nehmen oder beschneiden; also kommen wir diesem Feind zuvor, greifen ihn mit gewaltigen Maschinen an, wenden unsere ganze Intelligenz auf, ihn zu bezwingen. Da ist nichts mehr vom Gefühl einer brüderlichen Verbundenheit zu allem Sinnenhaften und allem Leibhaftigen; da ist nichts mehr von dem Gedanken, daß alle Dinge auf geheimnisvolle Weise miteinander verbunden sind. Nach dem II. Weltkrieg wurden im Staat Colorado Kojoten vom Flugzeug aus abgeknallt. Dazu der Kommentar des Wochenschau-Sprechers: »Diese hinterlistigen Räuber! Diese Feinde der Menschen!« Kein Wunder, daß wir heute im Zeitalter der größten – und zwar einer durch Menschen verursachten (!) – Artenvernichtung in der Geschichte der Evolution leben!

Natürlich empfinden wir uns selbst dabei nicht als einen Teil dieser Natur, die wir vernichten, sondern vielmehr als ihr Gegen-Teil. Denn von dem, was wir bekämpfen, müssen wir uns zuvor klar geschieden wissen und den Unterschied auch deutlich markiert haben. Wir müssen es als das andere, das Nicht-Ich und Nicht-Wir, erkannt haben. Und aus dieser Nicht-Identifizierung, dieser Entfremdung heraus entwikkeln wir zunächst eine Angst vor dem Fremden – und danach den Wunsch, dieses Fremde gefügig zu machen, es der eigenen Herrschaft zu unterwerfen, es abhängig, total verfügbar, gewissermaßen tributpflichtig zu wissen. D.h., der dualistischen Entfremdung folgt entweder das Haben-Wollen oder der Wunsch zur Vernichtung des anderen. Nicht der Seinsmodus, sondern der Habensmodus charakterisiert den dualistisch geprägten Menschen. Und das Haben-Wollen wird durch imperialistisches Verhalten verwirklicht, denn aus einem dualistischen Verständnis heraus entwickeln wir imperialistisches Herrschaftsgebaren. Anders ausgedrückt: »Um zu herrschen, muß man auf eine einheitliche Sicht der Welt verzichten.« (Severino, S. 19)

So ist es ja auch bei den Kriegen gegen Nationen gewesen. Nur daß es da um das Gefügigmachen, die Unterwerfung, das Untertan-Machen anderer Völker ging – hier aber geht es um das Gefügigmachen, das Unterwerfen, das Untertan-Machen der Natur. Imperialismus ist es allemal. Und in beiden Fällen gilt er dem Fremden, dem Mir-nicht-Verbundenen. Nur wendet sich der Imperialismus im einen Fall gegen andere (Menschen), in unserem Fall gegen die als anders empfundenen kosmischen Strukturen. Deshalb wäre es sinnvoll, im einen Fall von politischem Imperialismus, in unserem Fall von kosmischem Imperialismus zu sprechen.

Die zu Anfang dieses Kapitels angeführten Beispiele von Umweltkatastrophen sind die Folgen dieses kosmischen Imperialismus – oder genauer: In vielen Fällen sind sie die Folge des mißlungenen menschlichen Versuchs, die Herrschaft über den Kosmos auszudehnen. Dabei kann und soll nicht bestritten werden, daß menschliches Leben immer Eingriffe in die Natur bedeutet. Auch derjenige Indianer, der sich als Teil eines umfassenden spirituellen kosmischen Gewebes erfährt, greift zur Sicherheit seines Lebens in die Natur ein. Entscheidend ist aber, ob er dieser Natur mit Achtung und Ehrfurcht begegnet und sein Verhalten an diesen Tugenden orientiert – oder ob er sich als geängstigter Herrscher gegenüber einem Gegner versteht, eine Herrenmoral entwickelt und dementsprechend handelt.

Die oben schon genannte Angst ist offensichtlich ein Kennzeichen der abendländischen Kultur. Das haben nicht nur zahlreiche europäische Denker festgestellt. Emanuele Severino sagt in seinem Buch, daß »das Abendland zwangsläufig zur radikalsten Angst bestimmt« (S. 32) sei. Auch Indianer haben die Angst als ein entscheidendes Charakteristikum abendländischer Mentalität formuliert. So schreibt die indianische Schriftstellerin Leslie M. Silko (geb. 1948) in ihrem »Mythos der Erschaffung der weißen Menschen«:

> Sie haben Angst
> sie haben Angst vor der Welt
> sie zerstören das, vor dem sie Angst haben
> sie haben Angst vor sich selbst.
> …
>
> Sie werden Angst haben vor dem, was sie entdecken
> sie werden Angst haben vor den Menschenvölkern
> sie töten das, vor dem sie Angst haben.
> (vgl. M. Kaiser, Was zwischen Sonne und Mond
> geschah; S. 29 ff.)

Jeder einzelne von uns mag sich Rechenschaft darüber geben, wieweit diese nachträgliche Prophezeiung, diese retrospektive Prophetie, jeden einzelnen von uns und unsere Kultur insgesamt trifft. Jedenfalls sieht die Autorin genau den Zusammenhang zwischen Angst und Herrschsucht sowie Zerstörungssucht, denn »Angst läßt uns unsere Umgebung als etwas Feindliches sehen« (Gregory Bateson). Auch steht wohl außer Frage, daß Inquisition und Hexenverbrennungen des ausgehenden Mittelalters und der beginnenden Neuzeit Ausdruck einer solchen Angst vor der Herrschaft Satans auf dieser Erde waren – abgesehen davon, daß sie sich auch aus dem biblischen Ausschließlichkeits- und Absolutheitsanspruch herleiteten. Die damals herrschende und heute noch wirksame Verbindung von Endzeit-Psychose, Festungsmentalität und Feindbilddenken verrät deutlich ihre Wurzeln: Angst vor dem »Fürsten der Welt« und Angst um die Sicherung des ausschließlichen Wahrheitsanspruchs.

Dabei steht diese im Abendland kultivierte Angst eigentlich im Gegensatz zur christlichen Botschaft, in der es immer wieder heißt: »Fürchtet euch nicht!« Dennoch haben gerade wir Abendländer offensichtlich wenig Vertrauen in uns selbst, in die Welt und in Gott gehabt. Sonst hätten wir wohl kaum immer das Bedürfnis verspürt, andere Menschen davon zu überzeugen, daß nur unsere Lebensform und unsere Religion die beste und die einzig richtige seien. Wer sicher in sich und seiner Welt ruht, muß nicht dauernd neue Gleichdenkende gewinnen, muß nicht stets andere von der Richtigkeit seines eigenen Weges überzeugen.

Die Suche nach dem Grund dafür, daß wir Menschen des abendländischen Kulturkreises offensichtlich wenig Sicherheit und Ruhe in uns selbst finden und deshalb immer andere zu uns herüberziehen wollen, führt uns zurück zum Begriff des Dualismus. Mit diesem Dualismus kommt die Trennung, der Mangel an Einssein, der Mangel an Geborgenheit und Sicherheit, der Mangel an Vertrauen. Der dualistisch geprägte Mensch weiß sich nicht eins mit sich selbst, nicht mit der Welt, mit anderen Menschen, nicht mit Gott. Er traut im Grunde weder Gott, noch der Welt, noch den Menschen, noch sich selbst. Er ruht in nichts. Sein Erbe ist der Nihilismus. So sind auch Angst, Herrschsucht und Zerstörungssucht Konsequenzen des Dualismus.

Allerdings müssen wir erkennen, daß die Haltung des kosmischen Imperialismus nicht nur Katastrophen heraufbeschwört, sondern auch gewaltige Erfolge für den Menschen gebracht hat, etwa in bestimmten Bereichen der Medizin oder in der Nahrungsmittelproduktion. Auch der Wohlstand der Menschen in der westlichen Welt hat hier seine Ursache. Aus dem kosmischen Imperialismus resultieren eben die zwei Gesichter der wissenschaftlich-technischen Eroberung unserer Welt: Heute stehen wir Auge in Auge sowohl mit den ungeheuren Erfolgen als auch mit den möglicherweise vernichtenden Konsequenzen dieses imperialistischen Denk- und Verhaltensmusters.

5. Was für eine Art Mensch: Ausgrenzende oder versöhnende Weltansichten

>»Wenn es ein einziges Wort gibt, das die besondere Eigenschaft von Indianern beschreiben kann, so ist es das Wort holistisch = ganzheitlich. Es bezeichnet die Fähigkeit, sich auf komplexe Ganzheiten einzulassen und die komplexen Strukturen in einem dynamischen Gleichgewicht zu erhalten.« *John Collier*

Die im vorhergehenden Kapitel erläuterten zwei Formen des (politischen und kosmischen) Imperialismus sind nicht die einzigen, denen sich der Mensch ausliefern kann. Er kann vielmehr jede seiner Grundbeziehungen imperialistisch entarten lassen. Nun existiert er aber nicht nur in seinen Beziehungen zu anderen Menschen und zur Welt – Beziehungen, aus denen sich der politische und der kosmische Imperialismus entwickelt haben. Er lebt vielmehr auch in einer Grundbeziehung zu sich selbst und zur Transzendenz.

In diesen vier Grundbeziehungen kommen die vier Grunddimensionen zum Ausdruck, in denen jeder Mensch steht: Seine Beziehung zur naturgegebenen Welt entspricht seiner kosmischen Dimension; seine Beziehung zu anderen Menschen entspricht seiner sozialen Dimension; seine Beziehung zu sich selbst entspricht seiner personalen Dimension; seine Beziehung zur Transzendenz entspricht seiner religiösen Dimension.

Bei diesen vier Grundbeziehungen und Grunddimensionen des Menschen handelt es sich offensichtlich um menschliche Universalia: D.h. *alle* Menschen dieser Erde existieren in ihnen. *Nicht* universal, sondern kulturell bedingt ist dagegen die Art und Weise, in der die Menschen diese Dimensionen und Grundbeziehungen füllen und verwirklichen.

In jeder der vier Grundrelationen kann sich der Mensch nun entweder mehr als getrennt und dem Relationspartner gegenüberstehend – vielleicht gar entgegenstehend – erfahren; oder aber mehr als verbunden und als Teil desselben. In jedem Falle wird die mehr verbindende, integrative, sich-eins-wissende Einstellung zu herrschaftsfreiem Verhalten tendieren – die dualistische, abgrenzende, entgegensetzende Einstellung aber zu herrschaftsorientiertem Verhalten. Denn: »Um zu herrschen, muß man auf eine einheitliche Sicht der Welt verzichten« (Severino, S. 19). So ergeben sich aus den vier Grundbeziehungen des Menschen die vier Grundformen eines entweder mehr integrativen oder mehr imperialistischen Verhaltens.

Dementsprechend unterschiedlich sind dann die Welt-, Menschen-, Selbst- und Gottesbilder in diesen Kulturen. Entweder sind alle diese Bilder stärker vom Gedanken einer umfassenden Ganzheit bestimmt, oder sie sind stärker vom Gedanken der Abgrenzung, Ausschließung und des Gegensatzes bestimmt. Zu dem ersten Weg gehört allerdings gar nicht nur die Harmonie des Einsseins, sondern auch das Aushalten von Dualitäten (die vom Dualismus streng zu trennen sind; vgl. Kapitel 8), die Bewahrung ihrer Balance; also der Verzicht darauf, Dualitäten gegeneinanderzusetzen.

In den Zusammenhang der ganzheitlichen Weltansichten gehören auch die weniger rational-analytischen als vielmehr mystischen Versuche innerhalb der Weltreligionen, sich dem letzten Geheimnis der Wirklichkeit auf dem Wege einer mystischen Schau oder Vereinigung, eben einer »unio mystica«, zu nähern: Nach den Aussagen der Mystiker ist dies die Erfahrung einer Entgrenzung; einer Aufhebung der Trennung von Subjekt und Objekt; das Erlebnis einer totalen Einswerdung mit sich selbst, miteinander, mit den Dingen, mit Gott.

Auch die Kultivierung der Sexualität in indischen und anderen Kulturen gehört in diesen Zusammenhang. Denn auch sie stellt einen der möglichen Wege dar, die Erfahrung von Getrenntsein zu überwinden im Erlebnis des Einsseins. Solche Kultivierung von Sexualität, nicht ihre (im Abendland immer wieder anzutreffende) Ausgrenzung, Verdrängung oder Verdammung ist deshalb eine Aufgabe im Sinne menschlicher Ganzheitlichkeit. – Zugleich wird uns klar, daß asiatische Religionen und Lebensformen – ebenso wie die vieler Naturvölker – mit ihrer Tradition von Meditation und Versenkung auf diesen Wegen religiöser Erfahrung viel kundiger sind als abendländische Religionen. In ihnen (den abendländischen) spielten Mystiker – wenn sie sich denn mal fanden, wie etwa Hildegard von Bingen, Teresa von Avila, Meister Ekkehard – in der Vergangenheit immer mehr eine Außenseiterrolle. Erst heute scheinen sie mehr ins Zentrum der Aufmerksamkeit zu treten.

Für unsere abendländische Kultur galt und gilt, daß rationale Analyse fast immer den Vorzug erhielt vor der mystischen Versenkung. Nicht nur die Philosophie (spätestens seit Sokrates) und ebenso die in den letzten Jahrhunderten zur Herrschaft gelangten Naturwissenschaften sind mit den Mitteln rationaler Analyse die Welt angegangen. Auch in den Religionen des Abendlandes, zumal im Christentum, standen eine hochentwickelte Wissenschaft von Offenbarung und Glaube, nämlich die Theologie, und eine (in ihrem Fahrwasser folgende) rationale Festlegung und Dogmatisierung von Glaubenslehren (mit dem dazugehörigen absoluten Geltungsanspruch an die Gläubigen) stets im Vordergrund. Sie haben eine weit größere Rolle gespielt als Bemühungen, sich den letzten Geheimnissen der Welt und des menschlichen Lebens auf dem Wege der Versenkung und der Einswerdung zu nähern.

Darin wird das dualistische Grundprinzip abendländischwestlicher Weltbewältigung sowohl in der Wissenschaft wie in der Religion sichtbar. Dieses läßt sich aber ohne Schwierigkeit auch in anderen Bereichen unseres Lebens aufweisen, etwa denen der Politik (z.B. im Mehrheitsprinzip) oder der Wirtschaft (z.B. im Wettbewerbsprinzip; vgl. Kap. 8).

Der Begriff der Ganzheit kennzeichnet die Grundstrukturen indianischen Weltverständnisses. Indianer haben nicht deshalb keine Wissenschaft von den Dingen, vom Menschen und von Gott entwickelt, weil sie es noch nicht soweit gebracht hätten. Vielmehr ist ihr Zugang von anderer Art. Nicht Analyse, Zerteilung, Dissoziation (als Ausgangspunkt für rationale Erkenntnis) ist Basis ihrer traditionellen Weltbewältigung. Diese Basis besteht vielmehr in dem Bemühen, Gegensätze zusammenzuführen, auseinanderstrebende Prinzipien zu vereinen, Unterschiede auf etwas Einheitliches zurückzuführen, das »Sowohl-als-auch« dem »Entweder-oder« vorzuziehen. Und dieses gilt nicht nur für die Beziehung der Menschen zur umgebenden Natur, sondern für alle Grundbeziehungen des Menschen, also auch für seine Beziehung zu den Mitmenschen, zu sich selbst und zum Göttlichen.

Es scheint, daß eben an dieser Stelle, in dieser Tiefe der Betrachtung, der vermutlich entscheidende Unterschied zwischen indianischer Weltanschauung und indianischem Lebensgefühl auf der einen Seite und abendländischem Weltverständnis und Lebensgefühl auf der anderen Seite liegt. Es finden sich im indianischen Denken und in indianischen Mythen durchaus polare Gegensätze, aber diese werden nicht verstanden als zentrifugal auseinanderstrebend, sondern als zentripetal zueinandergehörig; als Gegensätze, die miteinander erst eine geordnete Einheit bilden, nicht aber als Gegensätze, die einander widersprechen und ausschließen.

In diesem Unterschied zwischen einander ausschließenden Gegensätzen auf der einen Seite und einander bedingenden und ergänzenden Gegensätzen auf der anderen Seite liegt wohl der wesentliche Unterschied zwischen synthetischem und analytischem Denken, zwischen ganzheitlichem Erfassen und abstrahierendem Denken, zwischen Existieren und Rationalisieren, zwischen Mythos und Logos, zwischen Dualität und Dualismus.

Dabei wissen wir, daß Indianer hier nur ein Beispiel sind für andere Naturvölker und für ein Denken, das sich auch im indischen, im chinesischen und im japanischen Weltverständnis wiederfindet. Das chinesische Yin-Yang-Paar sei hierfür als Beispiel genannt. – Der Gegensatz all dieser Denkmuster zum abendländischen Denken ist allerdings eindeutig und unübersehbar.

Der Nationalsozialismus mit seinen verschiedenen maßlosen Imperialismen erscheint in diesem Zusammenhang als die äußerste Verwirklichung dieser dualistischen abendländischen Tradition. Er praktizierte eine bedenkenlose Herrschaftsideologie, eine grenzenlose Lust an der Macht in jeder der vier elementaren Dimensionen des Menschen: Mensch gegen Mensch; Mensch gegen Natur, Mensch gegen sich selbst; Mensch gegen Gott. Insofern stellt auch er nicht in erster Linie eine Leugnung, sondern mehr eine Zuspitzung dualistischer abendländischer Strukturen und Tendenzen des Herrschaftsinstinkts, des Freund-Feind-Denkens und der Naturvergewaltigung dar.

Man vergleiche damit die folgende Charakterisierung des traditionellen, Welt und Mensch versöhnenden Verhaltensmusters bei Pueblo-Indianern: Sie scheuten sich lange, statt des Pflanzstocks den Pflug zu benutzen, da er den Leib der Mutter Erde so unbarmherzig aufreiße. Und wenn es unvermeidlich war, in die Erde zu schneiden, so war eine zeremonielle Entschuldigung und »Heilung« nötig. Noch in den dreißiger Jahren dieses Jahrhunderts wurde im Pueblo Jemez von den Dorfältesten ein Mann von seinem Feld geholt und geschlagen, weil er sein Feld mit einem Trecker gepflügt hatte.

Es geht in diesem (indianischen) Denken nicht darum, der Erde den menschlichen Stempel aufzudrücken, wie wir es unentwegt tun; sondern eher darum, so wenige Spuren wie möglich zu hinterlassen. Deshalb wurden die Häuser seßhafter Indianervölker in aller Regel aus den Materialien am Ort gebaut und sehen heute noch von ferne so aus wie Formationen der Erde selbst; deshalb lehrte eine Blackfoot-Mutter ihren Sohn: »Ein Mensch sollte niemals so heftig schreiten, daß nicht der Wind seine Fußspuren fortwehen kann.«

Es gab Pueblo-Dörfer, in denen im Frühjahr den Pferden die Eisen und den Schuhen der Menschen die Hacken abgenommen wurden, damit sie die »schwangere« Erde nicht verletzen sollten. Ein weißer Ethnologe (Barre Toelken) fragte daraufhin einen Indianer: »Wollen Sie damit sagen, daß alles durcheinander gerät und nichts wachsen wird, wenn ich meinen Absatz in die Erde stoße?« Der Pueblo-Indianer antwortete: »Nun, ich weiß nicht, ob das geschehen würde oder nicht. Aber es würde jedenfalls zeigen, was für eine Art Mensch Sie sind.«

6. Kosmische Verbundenheit

>»... die grundlegenden Annahmen über das Universum und
>deshalb auch die grundlegende Wirklichkeit, wie Stammesvöl-
>ker und Abendländer sie erfahren, sind nicht identisch, ... wir
>(Indianer) sehen alle Dinge als gleichwertig an im System der
>Dinge. Wir bestreiten die Existenz von Gegensatz, Dualismus
>und Loslösung – Eigenschaften, durch die das nicht-indianische
>Denken in der Welt charakterisiert ist ...«
>
>*Paula Gunn Allen, Pueblo-Sioux-Indianerin, geb. 1939*

Diese Aussage einer heutigen Indianerin bedeutet nicht – wir
wissen es schon –, daß Indianer Dualitäten in der Welt nicht
anerkennen. Entscheidend ist vielmehr, daß sie Dualitäten im
Sinne ihres Zusammengehörens deuten, nicht im Sinne ihrer
Gegensätzlichkeit. Harmonie – und das ist ein zentraler Begriff indianischen Weltverständnisses – besteht gerade in der
ausgewogenen Balance zwischen Dualitäten, nicht in der
Höherwertung des einen auf Kosten des anderen oder gar in
der Überwindung des einen zugunsten des anderen.
Für diesen Gedanken universaler Harmonie und Versöhnung steht beispielhaft der Navajo-Begriff *hózhó*. Darüber
sagt der amerikanische Ethnologe Gary Witherspoon, ein
Kenner der Navajo-Kultur: »Hózhó drückt aus: das intellek-
tuelle Konzept der Ordnung, den emotionalen Zustand des
Glücks, den moralischen Begriff des Guten, den biologischen
Zustand der Gesundheit und des Wohlbefindens sowie die
ästhetische Dimension der Balance, Harmonie und Schönheit«. (Language and Art in the Navajo Universe. Ann Arbor
1977, S. 154)
Mit dem Segenswunsch nach dem Zustand von hózhó schließen fast alle Navajo-Gebete: Ich habe bei der Übersetzung
versucht, den Begriff hózhó durch die Worte »Einklang und

Harmonie« wiederzugeben, bin mir aber der Unzulänglich-
keit dieser Übertragung bewußt:

> Mögen Einklang und Harmonie sein vor mir
> Mögen Einklang und Harmonie sein hinter mir
> Mögen Einklang und Harmonie sein über mir
> Mögen Einklang und Harmonie sein unter mir
> Mögen Einklang und Harmonie sein um mich herum
> in Einklang und Harmonie ist es beendet.

aus einem Gebet der Navajo-Indianer
(Vgl. R. Kaiser, Gesang des Regenbogens –
Indianische Gebete; S. 87)

Diese Worte bilden gewissermaßen das Amen in den zahlreichen Navajo-Gebeten. Wir erkennen dabei, daß das Konzept
des Navajo-Begriffes *hózhó* verwandt ist mit dem Konzept,
das in dem altgriechischen Wort *kosmos* steckt. Einklang und
Harmonie – oder Versöhnung und Einklang – in diesem Verständnis meinen keine Idylle von einer konfliktfreien Welt,
die über Schwierigkeiten und Gegensätze hinwegtäuschen
will. Die Begriffe meinen vielmehr ein umfassendes und
grundlegendes Deutungs- und Handlungsmuster der Menschen eines Kulturraumes.
Ganzheitlich kann wohl nur eine Weltanschauung heißen, in
der die Bilder vom Menschen, von der Welt und von Gott
wenigstens partiell zusammenfallen: also eine Weltanschauung, in welcher der Mensch (jedenfalls *auch*) als Teil dieser
Welt – und Gott (jedenfalls *auch)* als das ihr innewohnende
geistig-strukturelle Prinzip verstanden wird. Eine solche
Ganzheit kann dann als sakral, als heilig verstanden werden;
und der Mensch kann eine Haltung der Achtung und Ehrfurcht gegenüber der *ganzen* Wirklichkeit gewinnen. (Wir haben in Kap. 2 gesehen, daß das deutsche Wort heilig ebenso
wie das englische Wort holy solches ganzheitliches Denken

schon in der sprachlichen Ableitung – von heil bzw. whole – erkennen läßt.)

Gerade diese Einstellung der Ehrfurcht, die im Englischen mit dem Wort *respect* bezeichnet wird, ist für indianisches Weltverständnis und Weltverhalten außerordentlich zentral. Es gibt wohl kaum einen anderen Begriff, der von Indianern so oft zur Kennzeichnung ihrer eigenen Beziehung zur Welt gebraucht wird wie der Begriff respect. Achtung und Ehrfurcht – so meine Übersetzung dieses Begriffes – haben Indianer eben nicht nur vor Gott, vor anderen Menschen und vor den eigenen religiösen Mythen. Da der Mensch – nach ihrer Auffassung – in die Schöpfung eingebunden ist und da auch Gott mit seinen Kräften, Energien und Ausstrahlungen in alle Wirklichkeit eingeht, gilt die Haltung der Achtung und Ehrfurcht logischerweise auch gegenüber Tieren, Pflanzen und den (für uns) unbelebten Kräften des Universums. Das bedeutet zugleich: Ethik und Moral haben es nach diesem Verständnis nicht nur mit dem Verhalten des Menschen gegenüber anderen Menschen, gegenüber der Gesellschaft und gegenüber Gott zu tun – wie es in unseren Zehn Geboten steht und wie es in der jüdisch-christlich-abendländischen Tradition üblich ist. Ethik und Moral haben es vielmehr ganz entschieden auch mit dem Verhalten des Menschen gegenüber Tieren, Pflanzen und allen anderen Aspekten der Natur zu tun.

Das kommt sehr schön in einem Zitat zum Ausdruck, mit dem zwei weiße Autoren ihre diesbezüglichen Erfahrungen mit einer Gruppe indianischer geistiger Führer zum Ausdruck bringen:

»Wir erfuhren, was die Indianer damit meinten, das Leben als ein Ganzes zu betrachten. Aus dieser Sichtweise kam ihr Schlüsselwort respect: Achtung und Ehrfurcht vor dem Kind, vor der Mutter, vor der Heimat, vor dem Klan, vor allen Menschen. Achtung und Ehrfurcht vor Tieren und Pflanzen; Achtung und Ehrfurcht vor dem Wetter, vor der Sonne, vor dem Mond, vor den Sternen, vor Mutter Erde; und vor allem Achtung und Ehrfurcht vor der großen geistigen Kraft, die hinter allem steht und die das Leben möglich und lohnend macht: Respect for all that is.« (M. Morey/O. Gillium, Respect for Life; New York 1974, S. XIX)

Wir verstehen, daß bei einer solchen Einstellung (die der eines Franz von Assisi und eines Albert Schweitzer offensichtlich ähnlich ist), daß bei dieser Überzeugung von der spirituellen und vernetzten Natur aller Dinge natürlicherweise Umweltschädigungen und Umweltzerstörungen weniger zu erwarten sind. Dieses aber nicht deshalb, weil diese Menschen sich einer von ihnen getrennten Welt gegenüber verantwortlich wüßten und Einsicht in die Begrenzung der natürlichen Ressourcen hätten! Sondern weil sie die Natur als spirituell erkennen, sich selbst tausendfältig in sie eingebunden und als Teil des einen Ganzen erfahren und weil sie gegenüber der als ganzheitlich erfahrenen Wirklichkeit eigentlich eine Haltung der Achtung und Ehrfurcht einnehmen. (Daß diese Haltung heute unter dem Ansturm abendländischer Konzepte von Säkularisierung, von Produktions- und Konsummaterialismus tausendfältig erschüttert und häufig auch verlorengegangen oder gar in ihr Gegenteil verkehrt worden ist, läßt sich nicht übersehen.)

Deshalb paßt auch der Begriff *Umwelt* nicht in traditionelles indianisches Denken hinein. Denn dieser Begriff bezieht alle Welt auf den Menschen und deutet sie ausschließlich als seine Um-Welt. Der Begriff ist also im Kern anthropozentrisch und deshalb eindeutig abendländisch. Indianer nennen ihn gelegentlich überheblich, da er den Eindruck erwecke, der Mensch sei Herr und nicht Teil der Natur. Was traditionell indianischer Religiosität entspricht, scheinen viel besser folgende Begriffe zu bezeichnen: Mit-Welt, Mit-Geschöpflichkeit und die mit der All-Beseelung verbundenen Begriffe

Welt-Bewußtsein, Welt-Frömmigkeit, Welt-Familie, kosmischer Verbund und kosmische Solidarität.

Diese Überlegungen zeigen wieder, daß es vor allem der schon erwähnte Prozeß der Entmythologisierung und Entheiligung der Natur ist, durch den sich abendländische Religiosität von der indianischen unterscheidet. Denn mit dieser Entheiligung der Welt ging eine Verdichtung des Geistigen zu einem transzendenten, alleinigen, göttlichen Wesen einher. So entstand der Grunddualismus zwischen Gott und Welt. Der biblische Herrschaftsauftrag über die Erde an den Menschen (»Machet euch die Erde untertan!«) steht in voller Übereinstimmung mit dieser dualistischen Trennung von Welt und Gott. Nur aus diesem Dualismus heraus kann dieser Auftrag kommen. Eine von göttlichen Kräften bestimmte Natur kann nicht der menschlichen Verfügungsgewalt übereignet werden. Mit dem Dualismus ist der Herrschaftsauftrag an den Menschen jedoch logisch, vielleicht sogar unausweichlich.

Der wichtigste Unterschied zwischen indianischen und biblischen Glaubensüberzeugungen besteht darum sicherlich nicht im Gegensatz von Monotheismus und Polytheismus, also in der Frage, ob man an einen oder mehrere Götter glaubt. Christliche Missionare haben mit der Hervorhebung dieses Gegensatzes immer wieder das falsche Pferd geschlagen. Denn auch indianische (und andere Natur-)Religionen sind wiederholt zu einem Ein-Gott-Glauben gelangt: Die geistigen Wesenheiten in den Dingen der Natur werden dann als Ausstrahlungen einer einheitlichen göttlichen Kraft verstanden. Und andererseits gibt es ja auch (wenn schon nicht in der Theologie, so doch) in der Volksfrömmigkeit christlicher Kirchen und überhaupt im Glauben des Christentums durchaus zahlreiche Elemente des Polytheismus (z.B. in der Lehre von der Trinität oder in der Heiligenverehrung. Ein Indianer, der eine deutsche Barockkirche besucht, wird nicht den Eindruck gewinnen, das Christentum sei eine monotheistische Religion!)

Der wichtigste Unterschied zwischen indianischen und christlichen Glaubensüberzeugungen ist wohl der, ob der geglaubte Gott grundsätzlich ein jenseitiger oder ein »allseitiger« Gott ist; ob also die Welt selbst als entgöttlicht gesehen wird und als eine in Raum und Zeit bestehende materielle Schöpfung eines grundsätzlich außer ihr existierenden Gottes – oder ob der Kosmos selbst als von göttlichem Geist durchwirkt, als heilig, als »Haus Gottes« verstanden wird. Darin steckt der Unterschied zwischen einem säkularen oder einem sakralen Weltverständnis; zwischen einer dualistischen oder einer holistischen Auffassung von Gott, Welt und Mensch. (In der Lehre von der Inkarnation und in der Theologie von der Ausgießung des Heiligen Geistes finden wir allerdings auch in der christlichen Tradition Ansätze für ein ganzheitliches Verständnis.)

Damit hängt es zusammen, daß Vorstellungen von Hölle, von ewiger Verdammnis und auch der Gedanke der Erbsünde – Konzepte, die alle eine dualistische Grundeinstellung voraussetzen – Indianern durchweg fremd und kaum in ihre Weltanschauungen zu integrieren waren. So schreibt die Ethnologin Ruth N. Underhill:

»Indianer hatten niemals gedacht, daß die Menschheit von Natur aus sündhaft sei … Für sie … war die ganze Natur gut, und der Mensch war Teil der Natur.« (Red Men's Religion. Chicago 1965, S. 254)

Der Gang dieser Überlegungen hat gezeigt, daß indianisches Denken sowohl die Beziehung Mensch – Welt wie die Beziehung Mensch – Gott und auch schließlich das Verhältnis Gott – Welt ganzheitlich angeht. Es entspricht nicht indianischer, wohl aber abendländischer Tradition über Jahrtausende, sich als Mensch dezidiert getrennt und verschieden zu wissen von der Welt und dieses Getrenntsein und Unterschiedensein systematisch zu reflektieren und zu kultivieren. So entstand die abendländische Anthropozentrik.

Indianisches Welt-, Menschen- und Gottesverständnis wird in eindrucksvoller Weise deutlich in dem folgenden Textauszug aus einem Brief, der im Juli 1976 von Vertretern des Irokesenbundes einer UNO-Unterkommission überreicht wurde:

»… daß wir die Welt in einem anderen Zusammenhang sehen als andere Menschen. Wir haben nicht die Vorstellung eines linearen Verlaufs der Zeit. Wir verstehen uns nicht als Beherrscher oder Ausbeuter anderer Lebewesen. Unsere Kultur hat nie der materiellen Entwicklung oder dem materiellen Genuß viel Zeit gewidmet, sondern wir haben uns immer als Teil der Schöpfung verstanden. Unser Anliegen ist es, nach Frieden, Harmonie und dem Leben im Gleichgewicht mit allen Lebewesen dieser Erde zu streben. Wir definieren in unseren Sprachen die Welt als eine ganze Familie und unsere Beziehung zum Universum ist verwandtschaftlicher Art … Unsere Kultur hat uns gelehrt, daß alle Dinge heilig sind und daß jedes eine Bestimmung hat, die nicht verletzt werden darf« (vgl. W. Wagner/H. Frank. Gaianerekowa, Brackenheim o.J., S. 62 f.).

7. Die vier Formen des Trennens – und des Vereinens

Gott schläft im Stein.
Er träumt in den Blumen.
Er erwacht im Tier.
Er weiß, daß er erwacht ist
im Menschen.

Asiatischer Spruch

Als die vier Grundbeziehungen des Menschen habe ich im vorletzten Kapitel die Beziehungen zwischen dem Ich und dem Selbst, dem Ich und dem Du, dem Ich und der Welt, dem Ich und Gott herausgestellt. Diese vier tragenden Beziehungen eines jeden Menschen sollen hier in ihren unterschiedlichen Möglichkeiten der Ganzheitlichkeit und des Dualismus im einzelnen dargestellt werden.

1. Ich-Selbst: Der Schnitt des Dualismus trennt den Menschen von der Natur und trennt ihn damit von sich selbst, insofern er Natur ist. Deshalb führt dieser Dualismus zu der Erfahrung eines inneren Widerspruchs, einer inneren Zerrissenheit, des Nicht-mit-sich-eins-Seins, des Nicht-mit-sich-selbst-in-Übereinstimmung-Lebens. Der Apostel Paulus spricht von dem Gesetz der Sünde in seinen Gliedern, das im Widerspruch steht zum Gesetz in seinem Gemüt. Vor allem die abendländische Kultivierung des Gegensatzes von Leib und Seele, von Instinkt und Vernunft, von Trieb und Geist, Neigung und Pflicht, Wollen und Sollen, Natur und autonomem Bewußtsein (Kant) führt immer wieder zu dieser Entzweiung des Menschen mit sich selbst; zu diesen die innere Ganzheit zerreißenden Erfahrungen von Leibfeindlichkeit und intellektueller Arroganz. Die problematische

Geschichte der Einstellung zur Sexualität im Abendland kann als eine Konsequenz dieses Teilungsdenkens in der Ich-Selbst-Beziehung verstanden werden. Denn Sexualität wurde nur dem Leib, also dem »geringerwertigen« Teil des Menschen zugeordnet.

Die Erfahrung des Dualismus, also der Trennung des Menschen in unterschiedlich gewichtige Teile – nämlich in den »geistigen« und den »natürlichen« Teil – führt schnell zu dem Gedanken der Herrschaft des einen (höherwertigen) Teils über den anderen (minderwertigen). Das bedeutet dann die Herrschaft der Vernunft über den Instinkt, des Geistes über die Natur, des Bewußten über das Unbewußte. Daraus kann wiederum der Versuch einer Ent-Selbstung entstehen, einer – mitunter gewaltsamen – Herrschaft über sich selbst nach dem Motto »Überwinde dich selbst!« – »Beherrsche dich selbst!« Schon diese Formulierungen lassen erkennen, daß es sich hierbei um ein Herrschaftsverhältnis handelt – eine problematische Voraussetzung für die Gestaltung einer ganzheitlichen Persönlichkeit.

Wir können hier also – im Unterschied zu den früher erwähnten Formen des kosmischen und des politischen Imperialismus – von einem personalen Imperialismus sprechen. Diese Herrschaft über den »natürlichen« Teil des Menschen ist die logische Konsequenz der Herrschaft des Menschen über die Natur insgesamt. Insofern ist der personale Imperialismus die logische Folge des kosmischen Imperialismus. Der Herrscher ist nicht nur von der Natur draußen geschieden, sondern auch von der Natur in ihm selbst.

Der Puritanismus sowie die ihm zugeschriebene Leibverachtung und Willensakrobatik sind Paradebeispiele für diese Haltung, die kein Mitschwingen, kein Sich-Einschwingen kennt; die vielmehr den Kampf gegen das eigene Selbst kultiviert und in der Überwindung des eigenen Triebes, der Neigungen und Instinkte, den Genuß privater Herrschaftserfahrung findet. Zugespitzt kann man sagen: Puritanismus ist Imperialismus gegenüber dem eigenen Selbst.

Auch zahlreiche Beispiele von Selbsthaß, Selbstentfremdung, innerer Zerrissenheit und mangelnder Zustimmung zur eigenen Identität bei vielen Charakteren in der abendländischen Literatur bis in unsere Gegenwart hinein gehören hierher. Hamlets große Frage »Sein oder Nichtsein ...« ist dafür ein Zeugnis unter Tausenden. Es handelt sich jeweils um das Gegenteil einer integrierten oder integralen Persönlichkeit, die mit sich selbst eins und damit ein ganzer Mensch ist.

Hier ist auch unsere Sprache verräterisch: Wir pflegen zu sagen: »Der Mensch *hat* einen Körper, er *hat* eine Seele ...« Anscheinend können wir nur in Besitz-Verhältnissen denken! Außerdem tun wir mit dieser Formulierung so, als sei der Mensch noch etwas anderes jenseits von Körper und Seele. Ganzheitlicher, und mehr dem Seinsmodus entsprechend, wäre es so zu formulieren: »Ich *bin* Körper, *bin* Seele, *bin* Trieb, *bin* Instinkt ...«.

Ein solcher nicht-dualistischer, mehr dem asiatischen und indianischen Denken verpflichteter ganzheitlicher Weg in der Ich-Selbst-Beziehung versucht, die eigene Existenz als eine ganzheitliche zu erfahren; mit sich selbst in Übereinstimmung zu leben; die Widersprüche in sich selbst zu akzeptieren; die eigene Identität zu bejahen; inneren Frieden zu finden. Dazu gehört: Instinkt und Vernunft, Intellekt und Emotion, Wollen und Sollen, Ratio und Gefühl, Geist und Natur in sich selbst nicht als einander ausschließende Gegensätze zu behandeln und dabei zu versuchen, die eine Seite zugunsten der anderen zu unterdrücken; sondern sie als zusammengehörige Polaritäten im eigenen Selbst zu bejahen, sie miteinander zu versöhnen. (Ein Beispiel hierfür war bei einem jungen Indianer etwa die traditionelle Suche nach einer Vision – die »vision quest« –, die ihm helfen sollte, seine Identität zu finden.)

Hier die Worte einer jungen indianischen Töpferin (N. N.-M.) vom Volk der (christianisierten) Pueblo im Staat New Mexico in einem Gespräch (1987):

Die Bibel legt eine Last auf eure Schultern mit dem wiederholten »Du sollst nicht ...«, »Du sollst nicht ...«. Das daraus wachsende Bewußtsein der Schuld trennt dich von dir selbst. Du kämpfst immer mit dir selbst. Das ist Dualismus im einzelnen Menschen. Das Gegenteil ist: in Frieden mit sich selbst zu sein, eins mit sich selbst zu sein. Ich lehre meine Kinder, Achtung und Ehrfurcht vor sich selbst zu haben, vor anderen Menschen, vor der Erde, vor Gott.

Folge nicht einem Gesetz außer dir, sondern dem Gesetz in dir. Sei dir selbst treu. Du mußt deinem eigenen inneren Selbst folgen. Sage »ja« zu dir selbst – und schließe darin auch die Schwächen ein.

Dieser Gegensatz zwischen dem Leben von Heiligen und dem Leben von Sündern: Das Ideal eines Heiligen macht mich selbst zur Sünderin. Alles dies ist gewaltsam, nicht ganzheitlich.

Anders ausgedrückt: Der Satz »Wir sind alle von Beginn an Sünder« ist ein lebensgefährliches Prinzip für die Erziehung und für das Wachsen des individuellen Menschen und der menschlichen Gemeinschaft. Es öffnet der Herrschaft von Menschen über Menschen Tür und Tor und könnte deshalb das Motto eines politischen oder religiösen Imperialismus sein. – Dazu die Wandlung verheißende Aussage einer heutigen Frau aus unserem Kulturkreis:

Achtung und Liebe für den Nächsten fängt zuerst bei mir selbst an. Mich annehmen, wie ich bin! Dann kann ich jeden anderen Menschen aus dieser inneren Harmonie heraus auch annehmen, wie er auch sei. (D. B.)

2. *Ich-Du:* Bei einer dualistischen Auffassung der Beziehung des Menschen zu anderen Menschen erfährt der einzelne sich

vor allem als von anderen getrennt, vielleicht als im Gegensatz zu ihnen stehend. Die Neigung zu Polarisierungen im sozialen und politischen Leben sind Beispiele dafür. Diese Erfahrung führt leicht zu dem Versuch, die Herrschaft des eigenen Ich über andere als getrennt erfahrene Menschen zu erreichen, also zum politischen Imperialismus. Die abendländische Tradition des Ringens um Macht über andere Menschen, über andere Völker – die endlose Kette der Kriege um Herrschaftsgewinn: Sie alle sind Auswirkungen dieser sozialen und politischen Ausprägung des Dualismus und des zugehörigen Imperialismus.

Die Römer der Antike, vorbildliche Imperialisten der Weltgeschichte, haben gewissermaßen das mustergültige Motto für diesen Vorgang der Herrschaftsgewinnung geliefert: »Divide et impera!« = »Teile und herrsche!« Dieses Wort offenbart, daß die Alten Römer den engen Zusammenhang zwischen Dualismus und Imperialismus haarscharf erkannt hatten: Nur Teilungsdenken macht Herrschaftsdenken möglich! Ich kann nur etwas beherrschen wollen, von dem ich mich grundsätzlich getrennt weiß. Das Motto zeigt aber gleichzeitig, daß auch die Umkehrung gilt: Wenn ich etwas beherrschen will, so muß ich es als getrennt und geschieden von mir betrachten, muß also Teilungsdenken praktizieren: »Divide et impera!« Dabei ist mit dem Wort »divide« nicht nur die Gegensetzung des Beherrschten zu dem Herrschenden, sondern auch die Gegensetzung der Beherrschten gegeneinander gemeint, gemäß dem Spruch: Fördere die Uneinigkeit unter deinen Gegnern, und du kannst sie beherrschen.

Auch das Wettbewerbsprinzip im Wirtschaftsleben ist natürlich dualisierend und entgegensetzend (vgl. Kapitel 8). Zugleich zeigt sich daran ein Charakteristikum dualistischer Prinzipien: Niemand kann den gewaltigen materiell-wirtschaftlichen Erfolg einer Wettbewerbsgesellschaft leugnen. Unser aller materieller Wohlstand ist dadurch wesentlich mitbedingt. Eine ganz andere Frage ist es, welche psychischen, sozialen, geistigen und religiösen Kosten dieses dualistische Prinzip einfordert; ob also etwa die Zufriedenheit, die Ausgeglichenheit, die Geborgenheit und Sinnfindung der Menschen dem materiellen Wohlstand auch entspricht. – Doch: Schon diese Frage zu stellen, ist in einer materialistisch und dualistisch orientierten Gesellschaft nahezu tabu.

Eine vereinende, harmonie-orientierte, holistische Haltung in der Ich-Du-Beziehung führt andererseits zu integrativen Tendenzen. Wo sich der einzelne Mensch vor allem als Teil einer menschlichen Gemeinschaft empfindet, wird sein Umgang mit anderen Menschen nicht im Polarisieren, im Aufweis von Gegensätzen bestehen; sondern er wird prinzipiell versuchen, Übereinstimmung mit anderen Menschen zu erzielen. Kennzeichnend dafür ist im politischen Raum etwa das Konsensprinzip im Unterschied zum Majoritätsprinzip: Es ist/war indianische Tradition, daß in politischen Körperschaften nicht die Mehrheit entscheidet, sondern daß so lange um eine Entscheidung gerungen wird, bis ein Konsens aller hergestellt ist. Nicht die Herrschaft der Ansicht der Mehrheit über die der Minderheit ist/war der gewählte Weg, sondern das Suchen nach Übereinstimmung, nach einer Formulierung, die von allen getragen werden kann.

Ich glaube, es ist unmittelbar einsichtig, daß dieses genau das Gegenteil desjenigen politischen Umgangs miteinander ist, den die Alten Römer mit der Maxime »Divide et impera« bezeichneten; der im Abendland aber keineswegs nur bei den Römern beliebt war, sondern im Umgang der Menschen und Völker miteinander weitgehend die herrschende Maxime politischen Handelns gewesen ist und noch ist.

3. *Ich-Welt:* Über diese Grundbeziehung des Menschen habe ich im Kapitel über den kosmischen Imperialismus schon ausführlich gesprochen. Dualistisches Teilungsdenken sieht den Menschen vor allem als Gegen-Teil der Natur, als von ihr

wesensmäßig geschieden und verschieden. Er ist danach nicht so sehr in die Natur eingebettet, als vielmehr ihr gegenübergestellt. Auch von hier ist es nur ein kleiner Schritt zur Konsequenz des Imperialismus, daß nämlich der Mensch zur Herrschaft über die von ihm wesensmäßig getrennte Natur berufen sei, daß er sie seinem Willen unterwerfen müsse. Die Natur besitzt keine ethische Relevanz, der Mensch ihr gegenüber keine ethische Verantwortung.

Dieses ist die überwiegende Einstellung gegenüber der Natur im Abendland über mehr als zwei Jahrtausende gewesen. In Relation zu den anderen Formen des Imperialismus haben wir hier von einem kosmischen Imperialismus gesprochen. Ein Motto für diese Einstellung findet sich einerseits bei Francis Bacon (1561-1626), der mit seinem Spruch »Wissen ist Macht« das Wissen *von* der Natur zur Herrschaft *über* die Natur einzusetzen empfahl. Andererseits findet sich ein Motto für diese Einstellung – und damit gewissermaßen eine göttliche Legitimation des kosmischen Machtstrebens des Menschen – im Alten Testament in der Aufforderung Gottes an den Menschen »Machet euch die Erde untertan!« (1. Mose 1, 28). Später hat auch René Descartes (1595-1650) in ähnlicher Weise das Herrschaftsverhältnis des Menschen über die Natur formuliert und damit – zugleich mit Francis Bacon – den kosmischen Imperialismus der Neuzeit eingeläutet.

Eine ganzheitliche Einstellung des Menschen zur naturgegebenen Welt bedeutet dagegen, daß der Mensch sich nicht in erster Linie als getrennt, als der Natur gegenübergesetzt und zur Herrschaft über sie berufen erfährt; sondern als ihr zugehörig, als ein Teil der Natur. Die bei Indianern gängigen Bezeichnungen von »Mutter Erde«, »Vater Sonne«, »Schwester/Bruder Mond/Sterne«, »Großvater/Großmutter Wind/Wolken« waren – und sind – eben nicht nur poetisierende Metaphern, sondern Ausdruck einer von unserem Verhältnis zur Natur grundverschiedenen Erfahrung von Verbundenheit mit der umgebenden Natur. Der indianische Dichter N. Scott Momaday drückte es (1974) so aus:

Seit dem Zeitpunkt, da Indianer zum erstenmal diesen Kontinent betraten, steht im Mittelpunkt ihres Lebens die natürliche Welt. Sie sind tief mit der Erde verbunden, sowohl in ihrem Bewußtsein wie in ihren Instinkten. Für sie ist von allerhöchster Bedeutung, daß sie ein Wissen und ein Gefühl für den Ort haben. Nur in Beziehung zur Erde können sie in ihrer wahren Identität bestehen.

In diesem Sinne konzentriert sich überliefertes indianisches Denken auf die Überzeugung von der Partnerschaft des Menschen mit allem Lebendigen, ja mit allem Seienden – eben auf die Idee einer Weltfamilie und einer kosmischen Solidarität. Da gilt nicht, was in vielen (dualistischen) Strömungen christlicher Theologie gilt, nämlich daß die Welt als Gegenstand des Glaubens etwas ganz anderes sei als die Welt als Gegenstand alltäglicher oder auch wissenschaftlicher Erkenntnis.
Daß beim Fehlen westlichen Teilungsdenkens auch die geistige Haltung des Imperialismus keine große Chance hat, wurde im Verlauf der Darlegungen deutlich. Ein Denken, das sich zunächst und vor allem eins weiß mit dem Gegenüber – ganz gleich, ob dieses Gegenüber andere Menschen, Tiere oder sonstige Phänomene der Natur sind –, wird nicht dazu neigen, dieses Gegenüber beherrschen und es sich untertan machen zu wollen. Deshalb ergibt das oben genannte Gebot des Alten Testamentes von der Unterwerfung der Erde (»dominium terrae«) im indianischen Denken keinen Sinn, da es nicht dem ganzheitlichen, sondern dem gegeneinandersetzenden; nicht dem einschließenden, sondern dem ausschließenden Denkmuster entspringt; nicht einer Gleichgewichtsethik, sondern einer Teilungsethik.
Das wird geradezu körperlich fühlbar, wenn man diesen biblischen Satz mit dem bei Indianern geläufigen Begriff »Mutter Erde« zu kombinieren versucht: »Machet Euch die (Mut-

ter) Erde untertan!« Sich die Mutter untertan machen?? Die Gegensätzlichkeit der Weltbilder sprengt diesen Satz geradezu auseinander!!

4. *Ich-Gott:* In der Beziehung des Menschen zum Göttlichen führt der Dualismus zum Konzept eines von den Menschen (und der Welt) streng getrennten personalen und transzendenten (also eines theistischen) Gottes. Gott ist das »ganz andere«, mit nichts Irdischem Vergleichbare. In der Konsequenz dieser dualistisch erfahrenen Gottesvorstellung liegt die in anderen Kapiteln näher charakterisierte und für den kosmischen Imperialismus zentrale Entheiligung der Welt. Daraus folgt wiederum der Gedanke von der (Erb-)Sündigkeit der Natur und des Menschen – ein Gedanke, der Indianern fremd und weitgehend unbegreiflich war/ist.

Der dem Dualismus folgende religiöse Imperialismus zeigt sich unter anderem darin, daß der von Welt und Mensch getrennte Gott die absolute Herrschaft über Mensch und Welt ausübt. Deshalb werden ihm auch imperiale Attribute zuerkannt: »König der Könige«; »Herr der Herren«; »Herrscher auf höchstem Thron«; »Herr der Heerscharen« u.a.

Dieser absolute Herrscher erhebt außerdem einen (im Sinne des Dualismus logischen) Ausschließlichkeits- und Absolutheitsanspruch. Als eifersüchtiger Gott duldet er keine anderen Gottesvorstellungen und -verehrungen: »Vielmehr sollt ihr ihre Altäre niederreißen, ihre Malsteine zerschlagen … denn du sollst keinen anderen Gott anbeten« (2. Mose 34, 13-14). Wir wissen, was Menschen im Namen und im Verfolg dieses Anspruchs- und Verhaltensmodells in der abendländischen Geschichte an Grausigem und Unmenschlichem anderen Menschen angetan haben. Hier wird geradezu greifbar, wie gefährlich Gottesbilder sein können; wie religiöser Glaube »Schatten werfen« kann (N. Copray, S. 68).

Demgegenüber beanspruchen indianische Stammesreligionen in aller Regel weder Universalität noch Ausschließlichkeit, weder Absolutheit noch Totalität für sich. Es gilt weitgehend als natürlich, daß Menschen, die in anderen sozialen, räumlichen und zeitlichen Zusammenhängen leben, auch andere Mythen, andere Lebensformen, andere Glaubensüberzeugungen haben. Deshalb gibt es in diesen Religionen auch keinen Missionsauftrag, so daß Religionskriege im vor-kolumbianischen Amerika ziemlich undenkbar sind.

Im Neuen Testament wird der genannte Totalitätsanspruch dagegen auf die von Gott erhaltene Offenbarung ausgedehnt in der Forderung nach der Verkündigung an alle Menschen: Gehet hinaus in alle Welt, lehret alle Menschen und taufet sie ... – Wiederum wissen wir, zu welchen schlimmen Formen eines religiösen Imperialismus dieser Anspruch in der Menschheitsgeschichte manchmal geführt hat und zum Teil noch führt. Und wir ahnen inzwischen auch, daß jeder Absolutheits- und Unfehlbarkeitsanspruch letztlich Ausdruck von Unsicherheit, vielleicht gar von Angst ist. So bestätigt sich hier, was Indianer oft als Kennzeichen der aggressiven weißen Einwanderer formuliert haben: Sie haben Angst (vgl. Kap. 3).

In den einzelnen Menschen selbst wird so eine explosive Spannung hineingelegt: Er erfährt sich vor dem absoluten Herrscher-Gott als nichtig, unwürdig und sündhaft und neigt deshalb natürlicherweise zu Selbsterniedrigung, Selbstdemütigung und Unterwerfung, gelegentlich auch zu revoltierendem Aufbegehren. Andererseits erfährt er sich als Abbild Gottes; ja es heißt von ihm sogar: Ihr seid Götter! Wie soll es diesen Menschen nicht zerreißen?! Das Grundmuster des Dualismus und Imperialismus bleibt jedoch erhalten; nur übernimmt hier der Mensch ausnahmsweise nicht die Rolle des Herrschers, sondern die des Beherrschten.

Dieser Selbsterfahrung des Menschen entspricht seine Erfahrung von Welt und Natur: Die Welt wird nicht mehr als von geistigen Wesen und Kräften bewohnt, als spirituell und heilig gesehen, sondern sie wird zugunsten des einen von der Welt getrennten und allmächtigen Gottes entmythologisiert, entsakralisiert. Die Bänder des Heiligen und des Profanen, des Geistigen und des Materiellen, des Transzendenten und des Immanenten, die in Naturreligionen (mit ihren mehr ganzheitlichen Auffassungen) unauflöslich ineinander verwoben sind, werden in diesem Prozeß der Entsakralisierung gewissermaßen auseinandergezogen. Statt eines einheitlichen Seins entsteht dabei der Gegensatz eines ent-weltlichten Gottes (der theistischen Gottesvorstellung) und einer entgöttlichten Welt. Und diese »rein weltliche« Welt ist dann dem Zugriff des Menschen ungeschützt preisgegeben, ist Rohstoff für eine ungehinderte menschliche Weltbewältigung, wird – wie wir sahen – seinem Zugriff geradezu anheimgegeben.

Der Gegensatz zwischen kosmischen Religionen (oder Naturreligionen), denen alles Geschaffene geistgeprägt und darum heilig ist – und meta-kosmischen (oder historischen) Religionen, denen nur einer heilig ist, wird an dieser Stelle deutlich greifbar.

Demgegenüber bedeutet ein holistisches Verständnis des Göttlichen, daß der Mensch Gott nicht nur und nicht in erster Linie als das ganz andere, als das unendlich Ferne und Überweltliche erfährt. Es bedeutet vielmehr, daß der Mensch Gott erfährt als ein Prinzip der Fülle des Lebens in sich und um sich; als gebende, gewährende und schenkende Kraft; als Quelle alles dessen, was für den Menschen letztlich Geschenk und Gnade ist, also seines ganzen Lebens. – Zugleich wissen wir, daß auch biblischen Religionen – trotz dualistischer Grundstruktur – dieses Bild Gottes nicht insgesamt fremd ist.

Es wird deutlich: Diese den Dualismus vermeidende Tendenz, die sich auch immer wieder in indianischer Religiosität findet, neigt dazu, die Einheit zwischen Welt, Mensch und Gott zu betonen. Damit steht dieses Denken den mehr oder weniger nach-theistischen, pantheistischen oder auch pan-entheistischen Konzepten nahe, wie sie etwa in folgendem asiatischem Spruch zum Ausdruck kommen:

> Gott schläft im Stein
> er träumt in den Blumen
> er erwacht im Tier
> er weiß, daß er erwacht ist,
>   im Menschen.

Eine ähnliche Gottesvorstellung spricht aus folgender Aussage der genannten Pueblo-Indianerin (1984):

> Es geht nicht darum, daß Gott dort oben ist.
> Es geht darum, daß er um mich herum ist,
> in mir, in dir, in dem Gras, in diesem Buch.
> Es geht darum, daß er überall ist.
> Ich fühle es um mich herum. Ich bin geborgen.
> Danke!

Natürlich kann man auch Goethe als Zeugen dieser pan-en-theistischen Gotteserfahrung heranziehen:

> Was wär' ein Gott, der nur von außen stieße,
> Im Kreis das All am Finger laufen ließe!
> Ihm ziemt's, die Welt im Innern zu bewegen,
> Natur in Sich, Sich in Natur zu hegen,
> So daß, was in ihm lebt und webt und ist,
> Nie Seine Kraft, nie Seinen Geist vermißt.

Das Prinzip indianischer Ganzheitlichkeit bedeutet: So wie nicht theoretisierend getrennt und geschieden wird zwischen Heiligem und Unheiligem, zwischen Geist und Materie, so wird auch nicht streng geschieden zwischen Religion und Arbeit, zwischen Sonntag und Werktag. Vielmehr ist alles Leben und alle Welt, ist jede Zeit und jeder Ort zugleich heilig durch die innewohnende Kraft und Gnade des Göttlichen. Mit den Worten aus der Urfassung der Rede des Häuptlings Seattle:

> Jeder Teil dieses Landes ist meinem Volke heilig.

Die Entheiligung der diesseitigen Welt im Sinne des Dualismus macht hier also einer Heiligung aller weltlichen Dinge Platz. So ist Gott weniger der Welt entgegengesetzt, als vielmehr mit ihr vor allem eins und aus ihr tausendfältig erfahrbar. Ebenso ist der Mensch nicht vor allem der Welt gegenübergestellt (und zur Herrschaft über sie berufen), sondern er ist zunächst in die Welt eingebunden und so selbst Teil der Welt.

Und so sind auch Alltag und Nicht-Alltag nicht einander entgegengesetzt als Zeiten, die im Prinzip den diesseitigen bzw. den jenseitigen Belangen gewidmet sind. Der Alltag ist nicht ein Ort der Entfremdung, wie er hierzulande oft verstanden wird. Vielmehr ist im diesseiten Besorgen der jenseitige Bezug mitgegeben, ist im Alltagstun die religiöse Dimension immer gegenwärtig. Mit anderen Worten: Dem dualistischen Denken des Abendlandes tritt bei Indianern (ähnlich wie bei anderen Naturvölkern) ein im Grunde ganzheitliches, holistisches Denken gegenüber.

Diese Besonderheit wird auch zum Ausdruck gebracht durch das Zitat des amerikanischen Ethnologen Barre Toelken: »In der abendländischen Kultur scheint die Religion eine Nische besetzt zu halten, die für das Unwirkliche, das Überweltliche, reserviert ist. Ein Bezugssystem, das nur nach dem Tod oder durch die Vermittlung des Priesters erreicht wird. Viele indianische Stämme sehen religiöse Erfahrung als etwas, das sie dauernd umgibt. Tatsächlich würden meine Freunde, die Navajos, sagen, daß es wahrscheinlich nichts gibt, das nicht-religiös genannt werden kann. Für sie hat nahezu alles, was irgendjemand tun mag, eine bestimmte religiöse Bedeutung.

Und viele andere Stämme denken genauso.« (Seeing With a Native Eye, New York 1976, S. 11)

Ganz ähnlich lautet die Ansicht des Indianers Joe Sando: »Die Pueblo-Indianer haben kein Wort, das man mit dem Wort Religion übersetzen kann. Das Wissen um ein spirituelles Leben ist Teil des Menschen 24 Stunden am Tag, jeden Tag des Jahres.« – »Religion ... war keine beliebige Sonntag-Morgen-Angelegenheit. Sie war das Leben selbst.« (The Pueblo Indians, New York 1982, S. 22 und XIV)

So konnte schließlich die erwähnte indianische Künstlerin vom Stamm der Pueblo 1987 zu mir sagen:

Erst nachdem ich mich vom Christentum losgesagt hatte, gewann ich wieder das Gefühl, ganz zu sein; meine Mitte zu finden; mich als Indianerin zu fühlen.

8. Balance statt Dominanz –
Ausgleich statt Herrschaft

»Die Federn müssen immer zwei sein. Das ist doch die Dualität.
Bei uns ist immer alles in zweien. Immer …
Ein Mann kann einfach nicht existieren ohne eine Frau. Und
eine Frau kann natürlich auch nicht existieren ohne einen Mann.
Das ist die wichtigste Dualität. Es ist immer zu zweit. Immer. In
unserem Körper können wir einfach diese Dualität sehen: Zwei
Augen, zwei Nieren, zwei Lippen, zwei Ohren, zwei Hände,
zwei von allem. Das Wichtigste ist immer zu zweit.«

Ein Azteke auf einer Europa-Reise, 1986

Bei unserer Auseinandersetzung um den Dualismus ist es
wichtig, klar zwischen Dualität und Dualismus zu unterscheiden. Die häufig zu beobachtende Verwechslung dieser
zwei Begriffe macht es nämlich unmöglich, abendländischen
Dualismus und indianisches (oder asiatisches) Balance-Den-
ken eindeutig zu differenzieren. Dualitäten (oder Polaritäten)
bilden in vielen Religionen und Kulturen – auch in indianischen – ein wichtiges Element der Weltanschauung; nicht jedoch der Dualismus.

Der Gedanke der Balance, des Gleichgewichts, der Ausgewo-
genheit, welcher immer wieder indianisches Wirklichkeits-
verständnis kennzeichnet, basiert geradezu auf der Vorstel-
lung von Dualitäten. Hierzu gehört natürlich nicht nur die
Zweiheit von Mann und Frau; die ganze Wirklichkeit ist so
geordnet: Tag – Nacht; Sommer – Winter; Erde – Himmel;
Anziehung – Abstoßung ; Liebe – Haß; Freude – Traurigkeit;
Sonne – Mond; Individuum – Gesellschaft; Teil – Ganzes;
Ausdehnung – Zusammenziehung; Aktivität – Ruhe; Arbeit
– Spiel; Ernsthaftigkeit – Humor; Zeremonie – Narretei; Licht
– Finsternis; Leben – Tod; Jenseits – Diesseits; Seele – Körper;

Gott – Mensch; trocken – feucht; kalt – warm; oben – unten; wachen – schlafen; etc.

Indianische Dörfer sind oftmals in zwei Gruppen eingeteilt, die entsprechende Namen tragen; z.B. Sommer – Winter; Himmel – Erde. Im Halbjahresrhythmus leitet jeweils eine dieser Hälften die Geschicke des Dorfes. Bei den Omaha-Indianern durfte nur von einer dieser Gruppen in die andere geheiratet werden, wobei jede Ehe die Vereinigung zwischen den Dualitäten, in diesem Falle zwischen Himmel und Erde, nachvollzog und repräsentierte. Bei anderen Stämmen wurde gar jede sexuelle Vereinigung als »erlösender Eros«, als Hochzeit und Versöhnung von Himmel und Erde gedeutet. Aller Erlösungsdrang ist danach Ergänzungsdrang, ist die Suche nach dem Ganzen.

Audrey Shenandoah, Klan-Mutter im Onondaga-Stamm, drückte es (1988) so aus: »Alles muß im Gleichgewicht (balance) sein … Es ist das Gleichgewicht in aller Schöpfung, das es uns erlaubt, zu sein. Es ist das Gleichgewicht, das es uns erlaubt, weiterzuleben.«

Der Navajo-Lehrer Carl Nelson Gorman schreibt: »Wir glauben an die Dualität aller Dinge.« – Und bei den Azteken gibt es für Gott die (englischsprachige) Benennung »Lord and Lady Duality« (Herr und Dame Zweiheit). Dieser Gott vereinigt in sich alle Geschlechter, alle kosmischen Energien, alle Dualitäten, die gesamte Schöpfung. Ähnliches gilt für den Schöpfergott bei den Zuni-Indianern, Awonawilona, welcher auch heißt: Das große Er – Sie. – Daß aber auch dem Abendland solche Gedanken nicht gänzlich fremd waren, zeigt der Philosoph und Theologe Nicolaus Cusanus (1401-1464), der in Gott die »coincidentia oppositorum«, also den Zusammenfall aller Gegensätze, erkannte.

Die Musik zeigt uns, daß Dualitäten oder Polaritäten in einer lebendigen Welt nicht in unwandelbarer Harmonie zueinander stehen. Vielmehr führt eine vorübergehende Disharmonie oder Dissonanz zu einer Spannung, die auf ihre Ent-Spannung, also nach Auflösung drängt. Im Wechselspiel zwischen (qualvoller) Anspannung und (erlösender) Entspannung, zwischen Verknüpfung und Auflösung, zwischen Disharmonie und Harmonie vollzieht sich der Weg der lebendigen Polaritäten/Dualitäten, die jeweils erst zusammen das Ganze bilden. Ganzheit ist das Äquilibrium, das Gleichgewicht zwischen den Zweiheiten.

Anschaulicher als diese abstrakten Sätze es ausdrücken können, hat Goethe es gesagt:

> Im Atemholen sind zweierlei Gnaden:
> Die Luft einziehen, sich ihrer entladen;
> Jenes bedrängt, dieses erfrischt;
> So wunderbar ist das Leben gemischt.
> Du danke Gott, wenn er dich preßt,
> Und danke ihm, wenn er dich wieder entläßt.

Entscheidend für den Begriff der Balance ist dabei, daß die genannten Dualitäten nicht als ungleichwertige Gegensätze verstanden werden, zwischen denen Widerstreit herrscht, sondern als (gleichwertige) Wirklichkeiten, zwischen denen ein komplementäres Verhältnis besteht; die einander also benötigen und ergänzen. Das Streben der Gegensätze nach Vereinigung und Versöhnung ist dabei der eigentliche und innerste Antrieb der Welt. Entscheidend ist also, daß die Zweiteilung, die Dissonanzen zwischen Dualitäten, nicht intensiviert und ins Unendliche verlängert werden – denn dann werden aus Dualitäten Dualismen. Der Dualismus nämlich bezeichnet antagonistisch – nicht komplementär – verstandene Dualitäten.

Die persisch-abendländischen Vorstellungen des absoluten Gegensatzes zwischen Himmel und Hölle, zwischen Gott und Satan, zwischen Engel und Teufel sind Ausdruck auf die Spitze getriebener Dualismen. So gibt es zum Beispiel bei dem

Evangelisten Johannes das Hinauf zu Gott (deshalb wird er unter dem Zeichen des Adlers vorgestellt) oder das Hinab zur Hölle; doch kaum das ausgleichende Mitfühlen und das harmonische Mitschwingen mit einer ausbalancierten realen irdischen Welt. – Der extremste Gegensatz zwischen ewigem Leben und ewiger Verdammnis für den nach seinem Tode gerichteten Menschen (z.B. beim Evangelisten Matthäus) atmet den gleichen, nicht um Ausgleich bemühten, sondern in äußersten Gegensätzen schwelgenden Geist.

Demgegenüber gilt für die Weltbilder indianischer Kulturen: Die Gegensätze streben in der Regel nicht zentrifugal auseinander, schließen und grenzen einander nicht aus. Vielmehr streben (und gehören) sie zentripetal zueinander, ergänzen einander und bilden auf diese Weise zusammen erst ein Ganzes. Anders ausgedrückt: Die Dualitäten werden nicht im Sinne ihrer Gegensätzlichkeit, sondern im Sinne ihres Zusammengehörens gedeutet; nicht im Sinne ihres Widerspruches, sondern ihrer schöpferischen Dialektik; nicht im Sinne ihrer Opposition, sondern ihrer Versöhnung und Komplementarität; also im Sinne einer »coincidentia oppositorum«.

Hinter den Dualitäten steht also das Verständnis einer Einheit der Welt, einer letzten Harmonie des Universums. Das Modell von Yin – Yang, mit dessen Hilfe in der chinesischen Geistesgeschichte der fundamentale Rhythmus des Universums gedeutet wird, ist mit seinem Gedanken von Komplementarität und Ergänzung ein Vorbild dessen, was hier als Dualität oder Polarität bezeichnet wird. Unter ethischen Gesichtspunkten betrachtet: Nicht Yin ist gut und Yang schlecht – oder umgekehrt; gut ist vielmehr das Gleichgewicht zwischen beiden, schlecht das (nicht nach Ausgleich strebende) Ungleichgewicht.

Anders gesagt: Ein Gutes wird durch die Vermehrung des Guten nicht immer besser. Wenn dadurch die Balance geschädigt wird, wird es sogar zu einem Schlechten. Heilende

Kraft fließt aus der rechten Ausgeglichenheit der verschiedenen Tendenzen, Richtungen, Wünsche – nicht aus der Verabsolutierung und einseitigen Übersteigerung eines (an sich positiven) Prinzips.

Darum wird in indianischen Kulturen auch nicht ein Wertunterschied zwischen den beiden Gliedern einer Dualität betont, das eine gut und das andere böse genannt, so daß man dem einen anhangen und das andere vermeiden müßte. Das Konzept der Balance besagt vielmehr, daß nicht der Widerstreit, sondern die Versöhnung zwischen den Dualitäten den Sollzustand markiert. Diese Balance ist Ausdruck der Gesundheit, des Friedens, der Richtigkeit, also des bei der Schöpfung gemeinten Idealzustandes. Jede Erhebung ins Absolute, jedes Übermaß in eine Richtung bedeutet danach eine Störung des Gleichgewichts und eine Gefährdung der Balance.

Es leuchtet ohne weiteres ein, daß z.B. der neutestamentlich-paulinische Gedanke vom Kampf zwischen Geist und Fleisch in die ganz andere, nämlich die dualistische Richtung weist. Denn hier wird ein Rangunterschied, gar ein ethischer Unterschied zwischen den zwei geteilten Wirklichkeiten gesehen. Dualistische Zweiteilung der Wirklichkeit neigt aber immer dazu, die eine (die abgewiesene) Seite als geringer an Wert, vielleicht gar als böse zu betrachten und gegenüber der anderen Seite zu verwerfen.

Ebenfalls wird deutlich: Das sich durch die europäische Geschichte ziehende Freund-Feind-Denken ist nichts anderes als ein in die politische und psychologische Wirklichkeit übertragener Dualismus. Immer wieder ist es die zweigeteilte Welt, sind es feindlich gegeneinandergesetzte und einander ausschließende Gruppierungen, die das Bild bestimmen: Christen gegen Juden; Gläubige gegen Ungläubige; Rechtgläubige gegen Ketzer; Kaiser gegen Papst; Katholiken gegen Protestanten; Deutsche gegen Franzosen; Nazis gegen Juden;

Westen gegen Osten; Kapitalisten gegen Kommunisten. Es scheint geradezu, als fordere das Weltbild der Abendländer die einander ausgrenzenden, manchmal einander verteufelnden und vernichtenden Gegensetzungen. Welche unsagbaren Opfer hat es jeweils gekostet, bis wir gemerkt haben, daß uns ein kulturell vorgegebenes Denk- und Verhaltensmuster in die Irre geführt hat; und daß mit dem jeweiligen »Erbfeind« durchaus ein Zusammenleben in komplementärer Dualität möglich und fruchtbar war.

Zurück zu den mehr ganzheitlichen Vorstellungen: Nach ihnen ist es nicht richtig, das Diesseits abzuwerten gegenüber dem Jenseits; den Körper als prinzipiell weniger wichtig zu betrachten im Vergleich zur Seele; das Irdische für geringer zu erachten als das Göttliche; dem Materiellen weniger Seinsrealität zuzugestehen als dem Ideellen – also eben das zu tun, was wir im Laufe der abendländischen Geschichte immer wieder getan haben. Wenn man der Welt in dieser dualistischen Weise begegnet, so bringt das nach der indianischen Idee der Balance nicht nur (vielleicht erwünschte) Dissonanzen, sondern gefährliche Ungleichgewichte mit sich. Ausdruck dieser Ungleichgewichte sind Kriege, Krankheiten, Zwistigkeiten, menschliches Versagen, Unglück, Verwirrung. Der Anfang aller Krankheit, überhaupt jeder Krise, ist danach ein Ungleichgewicht, ist ein Verlust der Balance zwischen Mensch und Welt. Anders ausgedrückt: Jede Störung des kosmischen Gleichgewichts hat Krankheit oder ein anderes Unglück zur Folge. Selbst Naturkatastrophen sind nach indianischem Denken Folge und Ausdruck einer gestörten kosmischen Balance. (Mindestens unsere Erfahrungen mit ökologischen Katastrophen scheinen diese Auffassung zu bestätigen.)

Die Heilung dieser Ungleichgewichte besteht deshalb vor allem in der Wiederherstellung der Balance innerhalb der kosmischen Seinsordnung, welche den Menschen und seine vier

Grundbeziehungen einschließt. Heilung für den Menschen bedeutet also Wiederherstellung des Gleichgewichts und damit der Ausgeglichenheit zwischen dem Menschen und der Welt. Für die Beseitigung körperlicher Leiden bedarf es darum immer auch der Heilung kosmischer Bezüge, der Gesundung der Seele und des Geistes: etwa der Korrektur eines unrechten Denkens im betroffenen Menschen.

Solche Heilungen gelingen nicht eindimensional mit einer nur technisierten Medizin, auch nicht mit ausschließlich an der Wissenschaft geschulten technokratischen Therapeuten. Sie bedürfen vielmehr eines Menschen, der auch Einsicht hat in die Zusammemhänge des Lebens, der in Beziehung steht zu den das Gleichgewicht sichernden geistigen Kräften des Universums: Sie bedürfen also des Schamanen, des Medizinmannes, des Priesters. Und der Akt der Heilung besteht nicht nur in einer Wiederherstellung der biologischen, psychologischen und sozialen Bezüge und Funktionen des Kranken, sondern immer auch aus einem religiösen Akt: Deshalb vollzieht der Medizinmann bei einem Kranken – außer physikalischen Therapien – auch eine religiöse Zeremonie; deshalb wurden indianische Soldaten, die aus dem (II. Welt-)Krieg heimkehrten, auf einigen Reservationen einem religiösen Reinigungsritual unterworfen; deshalb wird die Tötung eines Tieres, das Schlagen eines Baumes oder das Aufreißen der Erde beim Bau eines Hauses durch einen religiösen Weiheakt sogleich »geheilt«. Durch solch eine Heilungszeremonie wird nach indianischer Auffassung das Gleichgewicht im Kranken und in der Welt wiederhergestellt.

Sogar beim Sammeln von Früchten praktizierten viele Indianer traditionell den Gedanken der Ausgewogenheit und der Balance, indem sie für die gepflückten Pflanzen und Beeren der Natur etwas zurückgaben – als Ausgleich. Der amerikanische Ethnologe M. R. Gilmore berichtet (im 33. Report of the Bureau of American Ethnology. Washington 1919, S. 96),

daß die Frauen der Sioux-Indianer häufig eine begehrte Boh-
nenart aus den Wintervorräten von Mäusen und anderen Tieren einsammelten. Sie taten das aber nie, ohne den Tieren
dafür eine andere Gabe (»in gleicher Menge«) als Ausgleich
zu hinterlassen, etwa Maiskörner oder ähnliche Dinge, die
von diesen Tieren geschätzt wurden. Die Frauen trugen deshalb beim Sammeln der Bohnen immer ein Säckchen mit
Maiskörnern bei sich. – Dieses Gleichgewichtsprinzip »wer
nimmt, muß auch geben« findet sich natürlich nicht nur in
indianischen Kulturen, sondern z.B. auch im Hinduismus –
kennzeichnenderweise aber wiederum am wenigsten in unserer Kultur, die stärker von absolutistischen als von ausgleichenden Konzepten beherrscht ist.

Auch in dem folgenden indianischen Gedicht (vgl. R. u. M.
Kaiser, Sonnenfänger, S. 25) kommt dieser Gedanke einer
Mensch und Erde umfassenden Balance vorbildlich zum
Ausdruck:

Der Kreislauf des Lebens

Ich habe das Reh getötet.
Ich habe den Grashüpfer zerdrückt
und die Pflanzen, von denen er lebt.
Ich habe durch das Herz von Bäumen geschnitten,
die alt und gerade wuchsen.
Ich habe Fische aus dem Wasser
und Vögel vom Himmel genommen.
In meinem Leben habe ich den Tod gebraucht,
damit mein Leben sein kann.
Wenn ich sterbe,
muß ich den Wesen Leben geben,
die mich ernährt haben.
Die Erde empfängt meinen Körper
und gibt ihn den Pflanzen und den Raupen,
den Vögeln und den Kojoten.

Jedem zu seiner Zeit
so daß der Kreislauf des Lebens
niemals durchbrochen wird.
Myron and Nancy Wood

Der Mensch darf den natürlichen Kreislauf des Lebens nicht unterbrechen; wenn er von den kosmischen Kräften ein Geschenk erhält, so muß er auch selbst im Gegenzug ein Geschenk anbieten; wo er Energie nimmt, muß er auch Energie geben. Die Erde ist nicht nur eine gütige Erzeugerin, sondern auch eine grausame Zerstörerin. Ähnlich im Hinduismus: Der Gott Schiwa erschafft nicht nur alles, sondern zerstört auch alles. Aber beide Pole halten sich gegenseitig in Balance.

Wir erkennen, daß hinter diesem Gedanken der Balance ein zyklisches und ein ganzheitliches Weltverständnis steht. Nur dann, wenn die Dualitäten aufeinander bezogen und nicht gegeneinandergesetzt werden; wenn es keinen ausschließenden Gegensatz zwischen der geistigen und der materiellen Welt gibt; wenn Mensch und Welt nicht im Widerstreit gegeneinander stehen, sondern einander ergänzen, weil der Mensch in das ausbalancierte Gesamtgefüge der Welt eingebunden ist: Nur dann macht die Weltanschauung von der idealen Ausgewogenheit und dem natürlichen Gleichgewicht aller Kräfte Sinn.

Wo dagegen der Widerspruch zwischen den Dualitäten kultiviert wird; wo das Transzendente als dem Irdischen unendlich überlegen verstanden wird; wo der Mensch vor allem als Gegen-Teil der Natur interpretiert wird; wo das Männliche als das Primäre gegen das Weibliche gestellt wird; wo der Kampf als Vater aller Dinge verstanden wird; wo nicht konvergierende, sondern divergierende Methoden und Zielsetzungen zum Prinzip politischen und wirtschaftlichen Handelns gemacht werden: Da ist die Idee der Balance zwischen Kosmos und menschlicher Seele nicht existent; da herrscht der Wurzelgrund einer dualistischen Weltauffassung und dualistischer Verhaltensnormen. – Das christliche Konzept der Gnade ist wahrscheinlich Ausdruck eines solchen Ungleichgewichts-Denkens. Dadurch daß Gott ins Absolute erhoben wird, bildet sich ein absolutes Gefälle zwischen Gott und Mensch, das nur durch die Gnade Gottes einseitig überbrückt werden kann. Der Gedanke einer Balance hat in diesem Konzept keinen Platz.

Einübungsmöglichkeiten für dualistische und entgegensetzende – oder für duale und einander ergänzende Verhaltensweisen gibt es überall, im privaten wie im öffentlichen Bereich in unserer Welt. So ist z.B. unser politisches System bekanntlich nach dem Majoritätsprinzip organisiert. In die politische Wirklichkeit umgesetzt wird danach immer das, was die (vielleicht sehr dünne) Mehrheit will. Nur selten wird die Kompromißfähigkeit der politischen Kräfte ausgelotet und der Versuch unternommen, zwischen Majorität und Minorität zu einem Konsens zu gelangen. Dementsprechend erfolgen die Abstimmungen in unseren Parlamenten meistens im Gegeneinander der politischen Lager. Darin wird der teilende, dualistische Charakter dieses Majoritätsprinzips deutlich.

Traditionelles politisches Prinzip indianischer Völker war immer das Konsensprinzip, also der Versuch, eine Übereinstimmung der verschiedenen politischen Meinungen zustandezubringen. Das ging mitunter so weit, daß Leute, welche die sich – nach oft endlos langen Diskussionen – abzeichnende Meinung nicht mittragen konnten oder wollten, vor der Abstimmung die Sitzung verließen, um Einstimmigkeit zu ermöglichen. – Ob ein solches Verfahren in unserer politischen Landschaft praktikabel wäre, ist eine andere Frage. Darin liegt aber kein Einwand gegen das (Konsens-)Prinzip als solches. In jedem Falle wird klar, daß das Majoritätsprinzip auf dualistischen und entgegensetzenden Vorstellungen beruht, das Konsensprinzip jedoch auf ausgleichenden und harmonisierenden Vorstellungen.

Im wirtschaftlichen Bereich gibt es eine ähnliche Beziehung zwischen Wettbewerb und Zusammenarbeit, zwischen konkurrierendem und kooperativem Verhalten. Unser (in materieller Hinsicht extrem erfolgreiches) Wirtschaftssystem basiert bekanntlich auf dem Prinzip des Wettbewerbs, des Konkurrierens, also des Gegeneinander-Arbeitens. Die Härte dieses dualistischen Systems ist so manchem Manager ins Gesicht geschrieben. – Ideal der indianischen Tradition (sowohl in der Kindererziehung wie auch im Leben der Erwachsenen) war dagegen stets die Zusammenarbeit, das versöhnende Miteinander-Arbeiten, das Einander-Ergänzen. Kooperativen Verfahren wurde also der Vorzug gegeben vor konkurrierenden, zusammenführenden Methoden vor auseinanderführenden, integrierenden Tätigkeiten vor selbstbehauptenden Aktivitäten.

Sowohl im politischen wie im wirtschaftlichen Leben wird so ein Unterschied zwischen unserem Teilungsdenken und indianischem Gleichgewichts-/Ganzheitsdenken deutlich. Dies zu erkennen ist für uns Hilfe auf dem Weg zu neuen Wahrnehmungsformen. Eine Änderung der Wahrnehmung ist schließlich der erste Schritt auf dem Weg zu einer Änderung des Verhaltens. Wenn wir aber im eigenen Lebensbereich die gewohnten Verhaltensmuster an unseren neuen Wahrnehmungen messen, sie vorsichtig befragen und zu wandeln suchen, dann können sich bei jedem von uns aus einem Wahrnehmungswechsel schließlich neue Verhaltensformen entwickeln. So können die heilenden Kräfte der Balance wirksam werden.

Glücklicherweise unterstützt sogar ein Blick auf die moderne Physik diese Tendenz. Komplementarität ist nämlich von dem Physiker Niels Bohr (auch von Carl Friedrich von Weizsäcker) als ein Grundprinzip der modernen Physik formuliert worden. Es bedeutet, daß das Gesetz von der Unvereinbarkeit (dualistischer) Gegensätze in einer höheren Ordnung aufgehoben ist. Anders ausgedrückt: Zwei Erscheinungen, die einander auszuschließen scheinen (daß z.B. das sichtbare Licht aus Wellen und zugleich aus Quanten = Teilchen zu bestehen scheint), ergänzen einander in Wirklichkeit. So verstehen moderne Physiker bestimmte Gegensätze nicht mehr als einander ausschließende, sondern als einander bedingende Seiten *einer* Wirklichkeit. Auch der Subjekt-Objekt-Gegensatz wird in diesem Sinne verstanden als zwei verschiedene Ausprägungen *einer* Wirklichkeit.

So gemahnt selbst die moderne Physik an das alte buddhistische Prinzip:

> Alle Dinge bedingen einander;
> nichts existiert für sich allein.

Die Indianerin Paula Gunn Allen drückt es so aus:

Das Konzept der Verwandtschaft aller Seinsbereiche bezieht sich ebenso … auf die übernatürlichen wie auf die sichtbaren Aspekte des Universums. Indianisches Denken nimmt keine solche dualistische Teilung vor und es zieht auch keine harte Trennungslinie zwischen dem, was materiell ist, und dem, was spirituell ist. Denn diese zwei sieht man als zwei Ausdrucksweisen einer einzigen Wirklichkeit – so wie wenn das Leben sich in doppelter und gegenseitig austauschbarer Weise kundtut.

9. Der Tod als Spiegelbild des Lebens

> Du hast mich Wichtigeres gelehrt
> als alle Schriften der Gelehrten.
> *Buddha, als er sah, wie sich eine Raupe*
> *in einen Schmetterling verwandelte.*

Ein besonders eindrucksvolles Beispiel für das indianische Weltverständnis der Ganzheitlichkeit und der Balance zwischen den Dualitäten (= Polaritäten) findet sich in der Vorstellung der Hopi-Indianer vom Verhältnis des irdischen Lebens der Menschen zum Leben nach dem Tod (vgl. Mischa Titiev, Old Oraibi. Cambridge, Mass., 1944; New York 1974).

Hopi-Indianer sind fest überzeugt von einer Fortdauer des Lebens nach dem Tode. Diese Auffassung wird deutlich in ihrem Schöpfungsmythos. Darin heißt es: Die ersten Menschen kamen in diese Vierte Welt, indem sie durch ein Bambusrohr aus der vorhergehenden Dritten Welt hochstiegen und durch eine Öffnung (das »sipapuni«) im Boden in diese Welt gelangten. Die ersten Menschen waren überzeugt, daß sie alles Böse sowie alle Zauberer und Hexen in der vorigen Welt zurückgelassen hatten. Doch nach kurzer Zeit starb die Tochter ihres Häuptlings. Da der Tod in dieser Welt bis zu diesem Augenblick unbekannt war, suchten die Menschen nach dem Schuldigen für dieses Unglück und fanden ihn in einem Zauberer (oder einer Zauberin), der unerwarteterweise aus der vorigen Welt mit in diese gelangt war. Als man nun den Zauberer bestrafen wollte, wies er durch die Öffnung des Bodens in die Unterwelt, und alle sahen dort die Tochter des Häuptlings glücklich in ihr Spiel versunken. Daraufhin sagte der Zauberer: So wird es nun sein. Wenn einer stirbt, wird er nach dort unten gehen.

Die Mythen der Hopi lehren also, daß der Unterschied zwischen der Existenz der Lebenden und der Existenz der Toten gering ist, daß vielmehr die Existenzweise der Verstorbenen dem Leben der Menschen hier auf der Erde ähnelt. Auch in der anderen Welt spielen die Menschen, sie pflanzen und ernten, sie halten Zeremonien ab. Man kann sagen, daß ihre Existenzweise gewissermaßen eine Spiegelung des Lebens hier auf der Erde darstellt. Es gibt also »die andere Seite« unserer Existenz, und beide Sphären stehen in einer Art von Wechselwirkung zueinander. Es besteht eine duale Beziehung von Zeit und Raum zwischen Ober- und Unterwelt, zwischen der Welt der Lebenden und der Toten.

Darum ist auch der Kontakt zwischen den Lebenden und den Toten nicht zerrissen. Vielmehr gibt es Kooperation und gegenseitige Unterstützung, sind vor allem die Verstorbenen den Lebenden hilfreich, indem sie ihnen etwa den für die Fruchtbarkeit der Felder notwendigen Regen bringen. Somit wird auch der Tod eines Menschen nicht so sehr als Verlust für die Gemeinschaft gesehen. Beim Sterben vollzieht sich nur eine wichtige Verwandlung, ähnlich der bei der Geburt. Darum wird auch der Leichnam des Verstorbenen in ähnlicher Weise gewaschen und behandelt wie der Körper eines Säuglings. Und seine Seele, der »Atem-Körper« (breath-body), kehrt durch die gleiche Verbindung in die Unterwelt zurück, durch welche die ersten Menschen in diese Welt gelangt sind, also durch das »sipapuni«.

Schon in diesen Gedanken wird ein Konzept des Gleichgewichts und der Ausgewogenheit zwischen Diesseits und Jenseits sichtbar. Das Leben nach dem Tode ist auf der einen Seite nicht – wie in manchen biblischen Religionen – das einzig wahre, ideale und erstrebenswerte Leben. Es ist aber andererseits auch nicht – wie im Verständnis der antiken Römer – eine bedauernswerte und schattenhafte Existenz. Im Gegensatz zu diesen dualistischen Auffassungen offenbart das

Konzept der Hopi vielmehr ein Gleichgewicht zwischen dem jetzigen und dem zukünftigen Leben.

Der ganzheitliche, auf Dualitäten – jedoch nicht auf Dualismus – basierende Charakter der Weltanschauung der Hopi wird auch dadurch deutlich, daß die Welt der Verstorbenen in die Zyklen des Tages (Tag – Nacht), des Jahres (Sommer – Winter) und des Lebens (Geburt – Tod) einbezogen wird. Die Einbeziehung der Toten in den Zyklus von Tag und Nacht wird durch die folgende Zeichnung verdeutlicht (vgl. Titiev, S. 173):

Der tägliche Lauf der Sonne

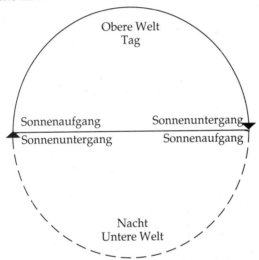

Nach traditioneller Auffassung der Hopi bescheint die Sonne auf ihrem täglichen Gang um die Erde am Tage die Oberwelt der Lebenden, in der Nacht jedoch die Unterwelt der Verstorbenen. Sonnenaufgang in unserer Welt bedeutet also Sonnenuntergang für die Unterwelt, und Sonnenuntergang in unserer Welt ist Sonnenaufgang in der Welt der Toten. Mit anderen Worten: Diese beiden Teilwelten stehen nicht im Gegensatz zueinander, sondern ergänzen einander vielmehr zu einer einzigen ganzen Welt. Man kann es auch so sagen: Die Welt der Lebenden und die Welt der Verstorbenen stehen als Dualitäten in einer korrelativen Beziehung der Ergänzung zueinander, nicht in einer dualistischen Beziehung der Ausgrenzung gegeneinander.

Dasselbe gilt für die Vorstellung der Hopi vom Jahreszyklus (vgl. Titiev, S. 174):

Der jährliche Lauf der Sonne

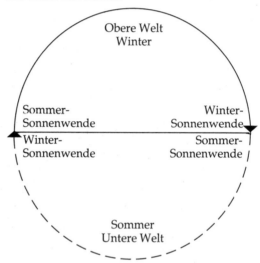

Wie Tag und Nacht, so werden auch Winter und Sommer verursacht durch den Gang der Sonne von der Oberwelt zur Unterwelt und wieder zurück zur Oberwelt. Um den 21. Juni herum verläßt die Sonne ihr *Sommerhaus* und erreicht etwa am 21. Dezember ihr *Winterhaus*. In der Welt der Verstorbenen ist es genau umgekehrt, sonst aber gleich. Während in der einen Sphäre Sommer ist, ist in der anderen Winter – und umgekehrt. Auch die Monate, ja sogar die religiösen Zeremonien im Jahresverlauf entsprechen einander gemäß dem Prinzip der dualen Korrespondenz. – Außerdem gibt es für jeden Klan in der Welt der Hopi einen korrespondierenden Klan in der Unterwelt. Zwischen beiden ist eine Kooperation möglich. – Auch hinsichtlich der kosmischen Orientierung gilt in der Unterwelt – wie in der Welt der Lebenden – das System der Himmelsrichtungen. Zwar sind dort die Richtungen genau umgekehrt wie in unserer Welt, aber sie erfüllen die gleiche Ordnungsfunktion.

In der Vorstellung der Hopi von Diesseits und Jenseits gilt also überall das Prinzip der Ergänzung von Dualitäten, nicht das Prinzip der Entgegensetzung von Dualismen: Tag *und* Nacht, Sommer *und* Winter, Oberwelt *und* Unterwelt machen erst das Ganze aus. Dementsprechend wird auch das Paradies vorgestellt wie die Welt hier, nur in polarer Umkehrung. Im Unterschied dazu entspricht die Vorstellung vom Paradies in der christlichen Tradition eher einer idealisierten gedanklichen Konstruktion im Gegensatz zu dieser Welt.

Der Zyklus von Leben und Tod

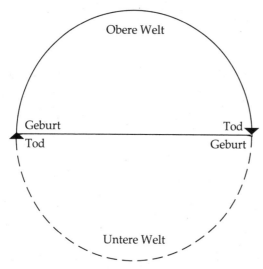

Nach dem Prinzip des Denkens in Analogien – das für Hopi und andere Indianer viel wichtiger ist als für uns – wird schließlich auch der Rhythmus des menschlichen Lebens mit Hilfe des gleichen Gedankens von den sich ergänzenden Dualitäten interpretiert, wie der Rhythmus des Tages und des Jahres (vgl. Titiev, S. 176; Grafik S.105).

In diesem Verständnis ist der Tod nicht der Feind des Lebens, sondern seine notwendige Ergänzung – so wie der Winter die Ergänzung des Sommers und wie die Nacht die Ergänzung des Tages ist. Und wie dort erst die Polarität, also das Miteinander der Dualitäten, das Ganze ausmacht, so bilden auch Leben und Tod zusammen erst ein Ganzes. Der Tod steht also nicht in einem ausschließenden Gegensatz, sondern in einer ergänzenden Beziehung zum Leben, ist gewissermaßen sein dazugehöriges Spiegelbild. »Die Hopi betrachten Leben und Tod nicht als zwei getrennte und unterschiedliche Stufen der Existenz, sondern eher als zwei Phasen eines sich wiederholenden Zyklus.« (Titiev, S. 176) Deshalb sind auch die Toten für die Gemeinschaft der Lebenden nicht verloren, sondern sie bleiben wirkmächtige Mitglieder dieser Gemeinschaft, deren Aktivitätsraum nur von der oberen in die untere Sphäre verlegt worden ist.

Auch ist die untere Welt nicht nur der Ort der Verstorbenen, sondern auch der noch nicht Geborenen. Wenn ein Mensch auf Erden geboren wird, so kommt seine Seele, sein »Atem-Körper«, aus der unteren Welt, erfährt also dort im gleichen Augenblick seinen Tod. Ebenso erfährt der in unserer Welt Sterbende im gleichen Augenblick seine Geburt in der unteren Welt. Die Seelen kehren im Tod jeweils dorthin zurück, woher sie bei ihrer Geburt gekommen sind. In beiden Fällen wird der Sterbende wieder zu einem Neugeborenen – in der jeweils anderen Welt.

So sind in der Vorstellung der Hopi Leben und Tod in einem fortlaufenden Zyklus miteinander verbunden. Allerdings ergibt sich daraus bei ihnen nicht unbedingt der Glaube an eine persönliche Wiedergeburt. Diese wird von erwachsenen Hopi eher bezweifelt. Dafür sind die Vorstellungen der Hopi vom Zyklus des Lebens und des Todes wohl zu stark verallgemeinert.

Dieser Gegensatz der einander ergänzenden Welten erinnert in gewisser Weise an die Narren in manchen Dramen Shakespeares. Sie verblüffen uns dadurch, daß sie gern das Umgekehrte von dem tun und sagen, das wir von einem normalen Menschen erwarten. Dabei sind sie nicht selten die eigentlichen Weisen in Shakespeares Welt.

Tatsächlich tun auch nach der Vorstellung der Hopi die Toten und ihr Gott Massau'u die gleichen Dinge wie die Lebenden, nur in jeweils umgekehrter Weise, z.B. besteigen sie eine Leiter rückwärts. – Schließlich gibt es in vielen indianischen Stämmen eigene Narren-Gesellschaften (so bei den Hopi, den Zuni u.a.), die bei heiligen Zeremonien die feierlichste Stimmung durch ihren Un-Sinn und ihre Narretei immer wieder aufbrechen. Auch da das Prinzip einander ergänzender Dualitäten!

Auffallend bleibt aber, daß bei den Hopi die zentralen Gedanken der Dualität und der zugehörigen Ganzheitlichkeit eng verbunden sind mit dem Gedanken der Zirkularität, also auch mit zyklischen Zeitvorstellungen. Analog könnte man schließen, daß der ganz entgegengesetzte abendländische Dualismus mit dem linearen Zeitkonzept verwandt ist, das ja tatsächlich durch die Bibel in unserer Kultur zur Herrschaft gelangt ist.

10. Rhythmen des Lebens – Vorstellungen der Zeit

»Das Jahr ist ein Kreis um die Welt.«
Ein Dakota-Indianer

»Wer einen linearen Pfad einschlägt, geht davon aus, daß er niemals zurückkehrt.« *Karl Scherer*

Das im vorhergehenden Kapitel gezeichnete Bild der einander spiegelbildlich ergänzenden Welten der Lebenden und der Toten beschreibt einen Kreis: Geburt und Tod sind wie in einem Zeiten-Ring ineinander verwoben, lösen einander immer wieder ab. Ein Kreis ist bekanntlich die einzige Linie, die kein Ende hat, da sie immer wieder in sich selbst zurückläuft. Deshalb wurde dem Kreis – ähnlich wie der Kugel im dreidimensionalen Raum – in vielen Kulturen ein besonderer Grad der Vollkommenheit zugesprochen: ein Weg ohne Ende.

So beginnen auch Erzählungen, Geschichten und Mythen von Indianern nicht mit einer klaren zeitlichen Fixierung, sondern etwa mit den Worten »Vor langer Zeit« oder »So wie ich es gehört habe«. Die Erzählung selbst ist bedeutsam, nicht eine präzise historische Einordnung. Es fehlt der Sinn für eine strenge lineare Chronologie. Der Sioux-Indianer Vine Deloria jr. sagt in seinem Buch »God is Red« (New York 1980, S. 111):

»Die Idee, einen sorgfältigen chronologischen Bericht der Ereignisse zu führen, schien die meisten Stämme des Kontinents niemals zu beeindrucken.«

Und an anderer Stelle (S. 117) sagt derselbe Autor:

»Die Zeremonien, Glaubensinhalte und großen religiösen Ereignisse des Stammes waren verschieden von der Geschichte; ihr Wahrheitsanspruch hing nicht von der Geschichte ab. Wenn sie für die menschliche Gemeinschaft in der Gegenwart Sinnvolles leisteten, so war das hinreichender Beweis für ihre Gültigkeit.«

Aus der Rede des Häuptlings Seattle (Urfassung von 1854/1887) wird das zyklische Zeitverständnis deutlich:

»Es ist ziemlich unwichtig, wo wir den Rest unserer Tage verbringen. Es sind ihrer nicht mehr viele … Nur wenige Monde mehr, wenige Winter, und nicht einer von den gewaltigen Scharen, die einst dieses weite Land füllten oder die nun in aufgelösten Truppen durch die weite Einöde streifen, wird übrigbleiben, um an den Gräbern eines Volkes zu weinen, das einst so mächtig und hoffnungsvoll war wie das eure. Aber warum sollten wir klagen? Warum sollte ich über das Schicksal meines Volkes murren? Stämme bestehen aus einzelnen Menschen und sind nicht besser als diese. Menschen kommen und gehen wie die Wellen des Meeres … Auch der weiße Mann … ist nicht ausgenommen von dieser allgemeinen Bestimmung«. (Vgl. R. und M. Kaiser, Diese Erde ist uns heilig, S. 64)

Wenn wir dagegen einmal unsere eigene Vorstellung von der Zeit in Augenschein nehmen, so werden wir sehen, daß wir uns Zeit nicht wie einen Kreis, sondern vielmehr wie eine gerade Linie vorstellen: aus der Vergangenheit kommend, durch die Gegenwart hindurchgehend und in die Zukunft hinein. Wenn wir diese Linie noch weiter auf ihre beiden Endpunkte hin verfolgen, so gelangen wir – nach biblischem und christlichem Verständnis – auf der einen Seite zurück bis zum Punkt der Erschaffung dieser Welt durch Gott. Und auf der anderen Seite (der Zukunft) weist diese Linie auf die Rückkehr aller Welt zu Gott hin am Ende der Zeit. Das bedeutet: Im biblischen Denken wird der Zeiten-Ring durchbrochen und zu einer geraden Linie gestreckt. So wird eine gradlinige Bewegung, eine lineare, eine historische Zeit erfunden, die zugleich mit der Bibel das Abendland erobert hat.

Wir können es auch so ausdrücken: In unserer Kultur wird Zeit als eine gerichtete Bewegung vorgestellt, die von *einem* (Zeit-)Punkt zu einem *anderen* führt und insofern in dauerndem Fortschreiten begriffen ist. Diese lineare Zeit in der Tradition des jüdisch-christlichen Heilsverständnisses ist eine auf- und absteigende, aber stets nach vorn gerichtete Entwicklungslinie von den Anfängen der Schöpfung und dem Sündenfall über den Akt der Erlösung durch Jesus Christus bis hin zur endgültigen Verwandlung der Welt am Ende der Zeit. Schöpfung, Sündenfall, Erlösung und Endzeiterwartung sind also die entscheidenden Grenz- bzw. Knotenpunkte dieser Linie.

Es paßt zu dieser linearen Zeitvorstellung, daß die entscheidenden Stationen der religiösen Entwicklung nicht in eine allgemeine mythische Vergangenheit weisen, sondern auf historisch fixierbare Zeitpunkte: Der Glaube Israels im alten Testament unterscheidet sich u.a. gerade dadurch von anderen orientalischen Religionen, daß Jahwe in freiem Entschluß zu einem historisch fixierbaren Zeitpunkt diese Menschen für ein einzigartiges Schicksal auserwählt. Dadurch handelt es sich bei diesem Glauben um eine historische Religion, nicht um eine Naturreligion. Denn nicht das Verhältnis der Menschen zum Kosmischen, zur räumlich geordneten Welt, steht im Mittelpunkt, sondern eine zeitlich faßbare Entwicklung, nämlich der Heilsplan Gottes mit diesen Menschen.

Logischerweise ist in dem Komplex Mensch – Gott – Geschichte kein Platz für den Kosmos. Er spielt darum in der Bibel kaum eine Rolle. Aber selbst ein Karl Marx steht noch ganz in der abendländischen, jüdisch-christlichen Tradition der eschatologischen Erwartung eines absoluten Endes der Geschichte, nämlich in der klassenlosen Gesellschaft. – Mit

110

dieser Konzentrierung der Blickrichtung auf die Geschichte (und nicht auf den Kosmos) ist natürlich eine Konzentrierung auf den Menschen – und damit die abendländische Anthropozentrik – gegeben.

Im Neuen Testament ist der Gedanke der historisch faßbaren göttlichen Erwählung des (jüdischen) Menschen vertieft und universell geworden. Selbst das denkbar gewaltigste Ereignis der gesamten Weltgeschichte – die Menschwerdung Gottes –, die in anderen Kulturen immer nur mythisch faßbar wurde, geschieht im Neuen Testament nicht »in mythischer Vorzeit«, sondern zu einem historisch genau fixierbaren Zeitpunkt (der dann später als »Zeitenwende« verstanden wird).

Ein eigentlich überzeitliches Ereignis wird so in die lineare historische Zeit hineingezogen und in ihr faßbar. Sichtbar (und hörbar) wird das in solchen neutestamentlichen Formulierungen wie »Als Cyrenius Statthalter in Syrien war« (Lukas 2, 2); oder: »... gelitten unter Pontius Pilatus.« – Das Konzept der Zeit besitzt damit im abendländisch-christlichen Kulturraum nicht mehr einen zyklischen, sondern einen eindeutig linearen Charakter.

Dagegen hatte das Konzept einer linearen geschichtlichen Entwicklung in der Vorstellungswelt von Indianern praktisch keinen Platz. Der Wahrheitsanspruch ihrer Religion hing nicht von der Interpretation historischer Ereignisse ab, sondern von dem Wert der religiösen Überzeugungen für die Gemeinschaft.

Und wie in anderen Kulturen (z.B. der griechischen Kultur der Antike) so ist auch bei nordamerikanischen Indianern der Zeitbegriff stärker von der Erfahrung der Natur geprägt als vom Bewußtsein menschheitsgeschichtlicher und heilsgeschichtlicher Vorgänge und Abfolgen. Lineare Zeit-Progression ist aber aus der Natur grundsätzlich nicht erfahrbar und nicht ableitbar. Kosmisch erlebte Zeit ist vielmehr immer zyklische Zeit. Ausgangspunkt indianischer Zeitvorstellungen ist darum nicht der Gedanke des zielgerichteten Fortschritts, der linearen Progression (von der Erschaffung der Welt bis hin zur Endzeiterfüllung), sondern der sich wiederholende Wechsel von Tag und Nacht; der – zyklisch verlaufende – Rhythmus der Jahreszeiten; das Werden und Vergehen in der Natur; die wechselnden und stets wiederkehrenden Phasen des Mondes. So stellten Vertreter des Irokesen-Bundes 1976 in einem Brief an eine UNO-Unterkommission fest: »Wir haben nicht die Vorstellung eines linearen Verlaufs der Zeit ... «.

An dieser Stelle trifft sich übrigens das griechische Denken nicht mit dem jüdisch-christlichen, sondern mehr mit dem indianischen: Das griechische Denken kreist um den gestalterfüllten Raum, den Kosmos (im Sinne von Ordnung) und ist damit zyklisch orientiert. Im biblischen Denken hat der Kosmos dagegen kaum einen Stellenwert, wie wir schon früher sahen. Indem es das ganze Gewicht auf die zeitliche Entwicklung legt, glättet es gewissermaßen die zeitliche (kosmische) Kreisbewegung aus zu einer geraden (historischen) Linie. So versteht Hegel »Natur« als eine griechische Kategorie, »Geschichte« aber als eine jüdisch-christliche Kategorie. Und unser abendländisches Denken ist hier nicht dem griechischen, sondern dem jüdisch-christlichen Vorbild gefolgt.

Es paßt zur indianischen Auffassung einer zyklischen Zeit, daß bestimmte Begriffe und Haltungen, denen in unserer Kultur ein hoher Stellenwert zukommt, im traditionellen indianischen Weltbild keine große Rolle spielen. Dazu gehören etwa die Begriffe »Fortschritt«, »Entwicklung«, »Dynamik«, »Aktivität«, »Wachstum«. Zugleich erkennen wir, daß ein für unser Geschichtsverständnis so zentraler Begriff wie »Fortschritt« letztlich jüdisch-christlich-abendländisch begründet ist. Das gilt, obwohl dieser Begriff inzwischen längst säkularisiert oder (wie im Kommunismus) sogar ins Antichristliche gewendet worden ist. Es gibt auch andere Beispiele für dieses merkwürdige Phänomen, daß nämlich etwas, das heute seiner Tendenz nach antichristlich ist, gleichwohl seinen geistesgeschichtlichen Ursprung im christlichen oder jüdischen Denken hat.

Wo der Zeitbegriff vom Gedanken der Wiederkehr geprägt ist; wo der Rhythmus der Jahreszeiten, das sich ablösende »Stirb und Werde« in der Natur, der Mond mit seinen wechselnden und immer wiederkehrenden Phasen der Ausgangspunkt des Zeitbegriffes ist: Da besteht Fortschritt nicht in einer linearen Progression, sondern in der Bereitschaft, auf den wiederkehrenden günstigen Augenblick zu warten. Ein solcher zyklischer Zeitbegriff tritt dann in seiner Bedeutung gegenüber dem Begriff des Raumes und des Ortes stark zurück. Von daher ist es begreiflich, daß die von Naturreligionen geprägten Kulturen eher einen statischen Grundcharakter aufweisen (im Gegensatz zu der Dynamik abendländischer Kulturen), daß aber Raum und Kosmos in ihnen eine herausragende Rolle spielen.

Der Philosoph Karl Löwith hat in verschiedenen Veröffentlichungen zwischen 1953 und 1958 herausgearbeitet, daß die jüdisch-christlich-abendländische Weltanschauung charakterisiert ist durch einen Dualismus von menschlicher Geschichte und nichtmenschlicher Natur. Gottes Gegenwart und Offenbarung ist nur noch in der menschlichen Geschichte erfahrbar, nicht aber in der (entgöttlichten) Natur. So werden – im Sinne des jüdischen Prophetismus und der christlichen Eschatologie – Zeit und Geschichte anthropozentrisch verstanden, Raum und Natur aber profan. Anders ausgedrückt: Schauplatz göttlichen Heilsgeschehens – in der Bibel – ist die Geschichte, nicht die Natur. Genau umgekehrt war/ist es bei den Alten Griechen, bei Indianern und anderen Naturvölkern.

Indianer übertrugen die Vorstellung des Zyklischen vom Zeitlichen auch auf das Räumliche, das Soziale und das Psychologische. So weisen sie gern darauf hin, daß in der Natur praktisch keine geraden und keine eckigen, sondern nur runde Formen vorkommen. Auch die meisten traditionellen Behausungen von Indianern wurden rund gebaut und die Zelte der Plains-Indianer auf einem Lagerplatz einander wieder in einem Rund zugeordnet. Sogar die Versammlung um das Lagerfeuer bildete einen Kreis. Diese Auffassung, daß nämlich der Kreis für indianische Kulturen charakteristisch sei, daß gerade Linien (und eckige Formen) aber für weiße Kulturen kennzeichnend sind, ist sogar bis in indianische Kartenskizzen vorgedrungen: Auf ihnen sind wiederholt mit rechtwinkelig zueinander verlaufenden geraden Linien die Gebäude und Wohnformen der Weißen eingezeichnet, während die Siedlungen der Indianer durch Kreise gekennzeichnet sind. – Diese Überlegungen führen uns zu einem Vergleich indianischer und euro-amerikanischer Raumvorstellungen.

11. Wo Gott gegenwärtig ist:
Heilende Kraft des Raumes

>»... das indianische Verständnis für räumliche Beziehungen ist anders als das der Europäer. Indianer sehen Raum in seinem Wesen als kreisförmig oder sphärisch, während Europäer den Raum (und damit auch alle Beziehungen innerhalb des Raumes) als hierarchisch-linear betrachten. Die Vorstellung von der kreisförmigen Struktur setzt voraus, daß alle *Punkte*, die den Bereich des Seienden ausmachen, bedeutsam sind in ihrer Identität und ihrer Funktion; demgegenüber geht das lineare Modell davon aus, daß einige *Punkte* bedeutsamer sind als andere.«
>
> *Paula Gunn Allen, Pueblo-Sioux-Indianerin*

Die Überlegungen des letzten Kapitels haben erkennen lassen, daß die besonderen indianischen Zeitkonzepte in einer wichtigen Beziehung zu ihren Raumkonzepten stehen. Man kann wahrscheinlich sagen, daß in allen Kulturen die Vorstellungen von Raum und Zeit in einer bestimmten Relation zueinander stehen. So faßt Kant sie beide in seiner Philosophie zu den zwei Formen der Anschauung zusammen. Und auch in der Erscheinung von Kulturen stehen beide in der Regel insofern in einer Beziehung, als sich mit der Veränderung der Gewichtung der Zeit auch eine umgekehrt proportionale Veränderung der Gewichtung des Raumes ergibt.

Nun haben wir gesehen, daß Indianer – wie auch andere Naturvölker – traditionell eine andere Vorstellung von der Zeit haben als wir Angehörige der europäischen Kultur. Das indianische Konzept einer zyklischen Zeit – im Unterschied zu unserem Konzept einer linearen Zeit – bedeutet, daß Zeit im indianischen Lebensgefühl in gewisser Weise einen geringeren Rang einnimmt als bei uns. Denn wenn sich Zeitpunkte und historische Geschehnisse in einer kreisenden Bewegung wiederholen, verlieren sie die Einmaligkeit, die sie auf einer Zeit-Geraden einnehmen.

Mit dieser relativen Geringschätzung der Zeit geht eine entsprechende Höherschätzung des Raumes, des Landes, der Natur einher. Wir können sagen: Im Unterschied zu uns gewinnen Indianer ihre existentielle Orientierung nicht so sehr aus dem Bewußtsein, einen bestimmten Punkt auf einer Zeitgeraden einzunehmen, als vielmehr aus dem Bewußtsein, einen bestimmten Punkt im räumlich ausgedehnten Kosmos einzunehmen.

Anders ausgedrückt: So relativ unwichtig es für indianische Menschen ist, einen fixen Punkt in der geschichtlichen Entwicklung einzunehmen, diesen zu erkennen und sich auf ihn hin zu orientieren, so elementar bedeutsam ist es für sie, den Ort, den naturgegebenen Raum zu kennen, in dem sie sich vorfinden. Dazu gehören sowohl die Landschaft und die geographischen Bedingungen – also das, was wir gern als »Umwelt« bezeichnen – wie auch die Richtungen des Himmels und der Gestirne. Chief Joseph vom Stamme der Nez Perce gibt ein schönes Beispiel dafür, daß Indianer sogar einen Zeitpunkt durch eine räumliche Bestimmung fixieren können. Er beendet seine berühmte Kapitulationsrede (vom 5. Oktober 1877) mit den Worten: »From where the sun stands now ...« = »Von dem jetzigen Stand der Sonne an (werde ich nicht mehr kämpfen – nie mehr).«

Nach biblischem Verständnis ist die Zeit Träger des göttlichen Heilsplanes, da die entscheidenden Geschehnisse dieses Planes in einem linearen zeitlichen System angeordnet sind (vgl. Kapitel 10); demgegenüber sind für Indianer (wie für andere Naturvölker) Raum, Ort und Natur diejenigen Wirklichkeiten, in denen Gott gegenwärtig ist und in denen der Mensch Heilung und Heil finden kann. Im Mittelpunkt der Religionen nordamerikanischer Indianer steht darum nicht das Verhältnis der Menschen zu einem historisch ablaufenden und historisch faßbaren Heilsplan Gottes, sondern das Verhältnis der Menschen zur räumlich geordneten Welt, zur Natur, zum Kosmos. So unterscheiden sich kosmische Religionen von historischen Religionen.

Während nach jüdisch-christlichem Verständnis Raum und Natur zum Herrschaftsbereich des Menschen bestimmt werden (1 Mose 1, 28) und der Erdboden (nach dem Sündenfall der ersten Menschen) sogar von Gott verflucht wird (1 Mose 3, 17), ist nach tradiertem indianischem Verständnis der Mensch nicht Herr, sondern Teil einer insgesamt von göttlicher Kraft geprägten Natur. Während im Weltbild der Bibel mehr als einmal Feindschaft gesetzt wird zwischen Mensch und Tier (z.B. 1 Mose 3, 15; 1 Mose 9, 2) und die Welt im Heilsprozeß zu einem »Neuen Himmel« und einer »Neuen Erde« verwandelt werden soll (Geheime Offenbarung 21, 1), sind nach tradiertem indianischem Verständnis alle Erscheinungsweisen des Universums – Mensch, Tier, Pflanze, Mineralien und Gestirne – Mitgeschöpfe, die miteinander kommunizieren und miteinander das kosmische Geschehen beeinflussen können.

Das, wonach die heutige Umweltproblematik so dringend verlangt, nämlich ein für beide Seiten gerechtes, heilsames und geordnetes Verhältnis zwischen Mensch und Welt, ist in den historischen, auf der Bibel basierenden Religionen nie als ein Anliegen gesehen worden. Das ist einer der Gründe, warum die vom Abendland geprägte Welt heute so hilflos nach einem ökologischen Konzept ruft.

Angesichts des Gewichtes von Raum, Land und Erde für die Identitätsfindung indianischer Menschen kann sich jeder von uns leicht vorstellen, welche verheerenden Folgen es für solche Kulturen haben mußte, ausgerechnet von einer Kultur überlagert zu werden, die eine gänzlich andere Beziehung zu Raum, Zeit und Welt hatte. Darüber hinaus wollten die Vertreter dieser (überlagernden) Kultur ausgerechnet dasjenige von den Indianern, was diesen am heiligsten war, nämlich ihr Land. Und schließlich drängten sie ihnen auch noch ein Konzept von Zeit auf, das der eigenen Gewichtung von Zeit gänzlich widersprach.

Es gibt zahlreiche indianische Zeugnisse, aus welchen die existentielle und heilende Kraft eines Ortes, eines Raumes, eines Stückes Natur für Indianer deutlich wird. Offensichtlich haben Indianer einen sehr empfindsamen Sinn für den »genius loci«: den Geist, den Charakter, die spezifisch spirituelle Dimension eines Ortes. So sagte im vorigen Jahrhundert Celsa Apapas, die Führerin der Palan-Indianer in Kalifornien, nachdem sie aufgefordert worden war, ihr Land den Weißen zu überlassen:

Ihr fragt uns, welchen Ort wir nach diesem hier, wo wir immer gelebt haben, am liebsten haben. Seht ihr den Friedhof dort drüben? Dort sind unsere Väter und unsere Großväter. Seht ihr dort den Adlernest-Berg und da den Kaninchenbau-Berg? Als Gott sie schuf, gab er uns diesen Ort. Wir sind immer hier gewesen. Wir sind nicht interessiert an irgendeinem anderen Ort ... Wir haben immer hier gelebt. Wir möchten hier auch sterben. Unsere Vorfahren sind hier gestorben. Wir können sie nicht verlassen. Unsere Kinder wurden hier geboren – wie können wir da von hier fortgehen? Und wenn ihr uns den besten Ort der Welt gebt, so ist er doch nicht so gut für uns. Dieses ist unsere Heimat. Anderswo können wir nicht leben. Wir wurden hier geboren, und unsere Vorväter sind hier beerdigt ... Wir wollen diesen Ort und keinen anderen.

Im Jahre 1879 berichtet der Häuptling der Nez Perce-Indianer, Chief Joseph, von den Worten seines sterbenden Vaters an ihn:

Mein Sohn, mein Leib kehrt zurück zu meiner Mutter Erde, und mein Geist wird sehr bald den Großen Geist sehen. Wenn ich gegangen bin, dann denke an euer Land ... Bedenke immer, daß dein Vater niemals dieses Land verkauft hat ... Mein Sohn, vergiß nie-

118

mals meine letzten Worte. In diesem Land ruht der Leib deines Vaters. Verkaufe niemals die Gebeine deines Vaters und deiner Mutter.
(vgl. R. Kaiser, Dies sind meine Worte – Indianische Reden; S. 51)

Der Kiowa-Indianer N. Scott Momaday (geboren 1934) schreibt:

Ich bin interessiert an der Art und Weise, in der ein Mensch eine bestimmte Landschaft anschaut und sie in seinem Blut und in seinem Gehirn in Besitz nimmt ... Keiner von uns lebt gänzlich vom Land getrennt ... Früher oder später müssen wir zu der Welt um uns herum eine Beziehung gewinnen ... Es ist für uns nötig, ... uns ein Bild davon zu machen, wer wir sind und was wir sind in Relation zur Erde und zu den Sternen ...
(vgl. R. Kaiser, This Land is Sacred; S. 39)

In diesen Zitaten wird der indianische Glaube an die religiöse Natur des Landes deutlich. Wir erkennen, wie die Beziehung des Menschen zur Erde und zu den Sternen seine Identität begründet. So wie der Mensch sich nur selten des Elementes der Luft bewußt ist und doch ohne dieses gar nicht leben kann, so bezeichnet ein Indianer auch die Natur als ein Element, in dem er existiert. In der Beziehung zu Land und Raum gewinnen diese Menschen ihre Balance und damit Heil und Heilung.

Die Taos-Pueblo-Indianer im Staate New Mexico haben jahrzehntelang gegen amerikanische Institutionen gekämpft, um ein großes Gelände in den Bergen hinter ihrem Dorf wiederzuerhalten, das ihnen Anfang dieses Jahrhunderts bei der Gründung des Carson National Forest von der amerikanischen Regierung abgenommen worden war. Das von den Indianern zurückgeforderte Gebiet schloß den heiligen Blauen See (Blue Lake) ein, der nach ihrer Aussage für sie ein religiöses Heiligtum und eine zentrale Stätte für die Durchführung ihrer religiösen Zeremonien ist.

Im Jahre 1965 trugen diese Indianer ihre Forderung vor die »Indian Claims Commission«, die von der USA-Regierung gegründet worden war, um Klagen von Indianern entgegenzunehmen. Diese Kommission stellte fest, daß die Vereinigten Staaten das Gebiet um den Blauen See den Indianern widerrechtlich weggenommen hatten, und bot ihnen eine große Summe Geld als Bezahlung an. Die Indianer lehnten ab. Sie wollten ihr Heiligtum zurückhaben und niemanden sagen hören, daß sie etwas verkauft hätten, was ihnen heilig sei. Im November 1970 schließlich nahm Präsident Nixon selbst die Sache in die Hand und unterzeichnete im folgenden Monat ein Gesetz, das den Einwohnern des Taos-Pueblo 44 000 acres (1 acre etwa 4 000 qm) um den Blauen See herum zurückerstattete. Heute wird dieses Gebiet wieder von den Einwohnern des Taos-Pueblo zur Durchführung religiöser Zeremonien genutzt.

Ihre Auffassung von der Stellung des Menschen zur Natur hatten diese Indianer am 4. Mai 1968 in einem Memorandum für die Unterkommission des amerikanischen Kongresses über Indianische Angelegten so formuliert:

»Wir finden, daß diese Auffassung (von der Herrschaft des Menschen über die Natur) im Gegensatz steht zu den Realitäten der natürlichen Welt und zum Charakter des Naturschutzes. Unsere Tradition und unsere Religion fordern, daß die Menschen unseres Volkes ihr Leben und ihre Aktivitäten anpassen an unsere natürliche Umgebung, so daß die Menschen und die Natur gemeinsam und gegenseitig das Leben unterstützen, das ihnen beiden gemeinsam ist. Die Idee, daß der Mensch sich die Natur untertan machen muß und ihre Wege nach seinen Zwecken zurechtbiegen muß, ist für unsere Menschen abstoßend.«

*

Einige weitere Beispiele können die besonders geartete Beziehung indianischer Menschen zu Land und Raum erläutern:

- Die Türöffnung des traditionellen Hauses der Navajo-Indianer, des »hogan«, und der traditionellen Wohnstätten der meisten anderen Indianer (wie auch vieler anderer Naturvölker) ist immer nach Osten, d.h. zur aufgehenden Sonne gerichtet. Diese Wohnungen sind also im ursprünglichen und im wörtlichen Sinne orientiert, das heißt ge-ostet. Denn der Begriff »Orientierung« bedeutet bekanntlich ursprünglich: nach Osten gerichtet sein, also »Ostung«. Diese Ostung galt, so wie für die Häuser der Navajo, ursprünglich wohl für die allermeisten Kulturen der Welt, da für sie alle gilt, daß die Sonne im Osten aufgeht. (Und deshalb galt bekanntlich die Ostung ursprünglich auch für Landkarten.) Wichtig in unserem Zusammenhang ist, daß die Menschen, die so orientierte Häuser bauten und bewohnten, sich damit selbst in ein übergreifendes kosmisches Ordnungssystem einfügten und aus dieser Einordnung auch persönliche Orientierung, Identität und Sicherheit gewannen.
- Neben den uns vertrauten vier Himmelsrichtungen kennen Indianer zwei weitere Grund-Richtungen, nämlich den Erdmittelpunkt und den Scheitelpunkt des Himmels, also Nadir und Zenit. Damit bestimmen sie ihren Ort nicht nur in der Horizontalen, sondern auch in der Vertikalen. Nicht schon durch die vier Himmelsrichtungen, sondern erst durch die sechs Himmels- und Erdrichtungen ist der Platz des einzelnen Menschen im Raum eindeutig fixiert, gewinnt er den siebten Orientierungspunkt, sein »Hier«. Dadurch ist der Mensch nicht nur irdisch, sondern sozusagen auch kosmisch geortet. Man kann also sagen, daß bei Indianern die Geographie in eine Kosmographie eingebunden ist.

– Es scheint nur logisch, daß die so gewonnene Ortung des Menschen von den verschiedenen Indianervölkern als Mittelpunkt der Welt verstanden wird. Im Schöpfungsmythos der Arapaho-Indianer heißt es: »Dann gab Nih'ancan den Arapaho den mittleren Teil der Erde, wo sie leben sollten.« – Der Name des Dorfes »Itivana« bei den Pueblo-Indianern bedeutet soviel wie Mitte. – Der indianische Dichter Jack D. Forbes schreibt von dem ganzen amerikanischen Kontinent als

> ...diesem mittleren Kontinent
> dieser Insel der Mitte
> dieser zentralen Hemisphäre
> diesem heiligen Land des Zentrums ...

– Erst recht gilt, daß dort, wo eine heilige Zeremonie stattfindet, der Mittelpunkt der Erde ist. So verkündet der Initiationskandidat bei den Kwakiutl-Indianern den Zuhörern: »Ich bin im Zentrum der Welt ... bin am Pfosten der Welt.« – Ähnlich heißt es im Lied des Heiligen Baumes beim Sonnentanz der Teton-Sioux-Indianer:

> Am Mittelpunkt der Erde
> stehe ich,
> seht mich.
> Im Mittelpunkt des Windes
> stehe ich,
> seht mich,
> eine Wurzel des Heilkrauts.
> Deshalb stehe ich
> im Mittelpunkt des Windes
> stehe ich.

– Aus anderen Teilen der Welt wissen wir, daß dieses Bewußtsein, im Mittelpunkt der Welt zu wohnen, nicht spezifisch indianisch ist. Anscheinend ist bei vielen Völkern das Bewußtsein verbreitet, »daß die wahre Welt immer in der Mitte, im Zentrum liegt« (M. Eliade, S. 26). Bis heute zeugt die Bezeichnung Chinas als »Reich der Mitte« von der Tatsache, daß auch Chinesen sich im Zentrum der Welt sahen und sehen. – Für die Menschen der biblischen Religionen gab und gibt es ähnliche Vorstellungen bezüglich des Tempels zu Jerusalem oder des Heiligen Grabes bei Jerusalem.

Aus diesen Beispielen wird deutlich, daß für indianische (wie auch für viele andere traditionsgebundene archaische) Gemeinschaften das eigene Haus immer im Zentrum der Welt liegt. Zugleich ist dieses Haus ein mikrokosmisches Abbild des makrokosmischen Universums und stellt deshalb immer einen Kristallisationspunkt der sechs kardinalen Erd- und Himmelsrichtungen dar. Dadurch sind diese Menschen im ursprünglichen und eigentlichen Sinne räumlich und kosmisch geortet und haben einen Platz, den sie als Heimat ansprechen können.

Nun stellen aber Raum, Natur und Kosmos für sie nicht nur Örtlichkeiten dar, sondern sind zugleich Repräsentationen göttlicher Wirksamkeit und Gegenwart, Sitz göttlicher Kräfte und Ausstrahlungen. Alle physischen Dinge sind durchdrungen von spiritueller Wirklichkeit. Dadurch gewinnen diese Menschen im Idealfalle aus ihrer kosmischen Orientierung zugleich auch ihre religiöse Orientierung. Die Geographie wird zu einer heiligen Geographie, die Kosmologie zu einer heiligen Kosmologie. – Umgekehrt gewinnen wir als Mitglieder einer nicht kosmisch, sondern historisch orientierten Religion unsere religiöse Orientierung aus der Anerkennung eines historischen Geschehnisses: aus der Hinordnung auf das Ereignis der »Zeitenwende« vor nun fast 2 000 Jahren.

12. Machtvolle und entmachtete Natur – sakraler und profaner Raum

»Jeder Ort ist heilig und heiliger Ort ist unerschöpflich.«
Alfonso Ortiz, Pueblo-Indianer

An dieser Stelle müssen wir fragen, ob denn wirklich profaner Raum und sakraler Raum in indianischen und in unseren europäischen Kulturen einen so unterschiedlichen Rang einnehmen. Wir wissen doch, daß es auch in unserer Kultur heiligen Raum und heilige Orte gibt. Wir brauchen nur an einen Kirchenraum in einer belebten Straße einer Großstadt zu denken: Das gedämpfte Licht, die Stille, die ungewohnten Gegenstände atmen gewissermaßen eine heilige Atmosphäre. Es kann für den aufmerksamen Besucher geradezu körperlich fühlbar werden, daß dieser Raum eine besondere Beziehung zu Gott hat.

Auch Höhlen oder Grotten haben nicht nur bei Naturvölkern, sondern manchmal selbst in unserer Kultur den Charakter des Heiligen bewahrt. In ihnen lädt nun vielleicht statt der vormals dort verehrten Erdgeister eine Statue der Mutter Maria zum Verweilen und zum Beten ein. Ein Kreuz am Wegesrand oder ein Rosenstock (in Hildesheim) markieren einen heiligen Ort. Und denken wir im weiteren biblischen Bezug an den Berg Sinai, an den Ölberg, den Garten Gethsemane oder den Tempelberg in Jerusalem: An all diesen Orten – wie auch vielleicht am Ort der ersten Liebe – suchen und finden Menschen unserer Kultur einen besonderen »genius loci«, eine Kraft, eine Ausstrahlung, die sie als heilig oder jedenfalls als heilsam und heilend erfahren.

Man könnte auch fragen, was die Menschen in Mitteleuropa veranlaßt hat, nach den Zerstörungen des II. Weltkrieges so viele Gebäude, auch profane Bauten, wieder originalgetreu aufzubauen – und was eine Stadt wie Hildesheim veranlaßt hat, »das schönste Fachwerkhaus der Welt«, das Knochenhaueramtshaus, gerade jetzt mit großem Aufwand an der ursprünglichen Stelle originalgetreu nachzubauen. Offensichtlich brauchen wir Menschen ein Bewußtsein von Heimat, von historischer Kontinuität; brauchen das Gefühl, daß wir Erben einer langen Tradition sind; suchen nach dem großen »Haus der Geschichte«, in dem wir uns dann unseren eigenen kleinen Raum einrichten können.

Abgesehen davon, daß bei diesem letzten Beispiel wiederum die Dimension der Zeit die des Ortes zu überlagern scheint: Alle diese genannten Beispiele lassen nicht nur eine gewisse Ähnlichkeit zwischen indianischen und europäischen Kulturen erkennen, sondern sie machen vor allem auch die Unterschiede deutlich: Ein heiliger Berg in indianischen Religionen und ein heiliger Berg im jüdisch-christlichen Denken sind nicht dasselbe! Denn das traditionelle christlich-europäische Weltverständnis wird kaum geneigt sein, den genannten Orten unserer religiösen Tradition eine eigene spirituelle Natur zuzuschreiben. Es mag sie heilig nennen wegen ihres Zusammenhangs mit zentralen historischen Ereignissen biblischen Geschehens, aber es erkennt ihnen an sich keine übernatürliche Qualität zu. Und die Fortexistenz biblischer Religionen und Religionsgemeinschaften ist in keiner Weise an diese Orte gebunden – während Indianer immer wieder empfinden und zum Ausdruck bringen, daß für sie mit dem Verlust ihres Landes, mit dem Verlust der Gräber ihrer Vorfahren und mit dem Verlust heiliger Orte in ihrer Heimat auch ein Verlust ihrer Religion verbunden ist.

Im Prinzip fallen also die genannten heiligen Orte jüdisch-christlicher Tradition ebenso unter das Verdikt der Entmy-

thologisierung und Entheiligung der Welt (die vom Gottesbegriff des Alten Testamentes ihren Ausgang genommen hat)
wie die ganze Welt im biblischen Verständnis als eine entsakralisierte verstanden wird.

Wir können diesen Unterschied im Verständnis heiliger Räume bei Indianern und bei uns auch so ausdrücken: Für uns
sind heilige Orte abgesonderte Orte in einer sonst profanen
Welt. Unsere biblisch-abendländische Tradition, das theistische Gottesbild des Alten und Neuen Testamentes, teilt und
unterstützt nicht die traditionelle indianische Auffassung,
daß alle Welt »heilige Welt« ist. Selbst die zu Beginn dieses
Kapitels genannten heiligen Räume und Orte in unserer Kultur werden nur in einem abgeleiteten Sinn als heilig verstanden, da in einem strengen biblischen Verständnis nur einer
heilig ist – Gott selbst. Angesichts der »über-weltlichen« Natur Gottes bedeutet das zugleich, daß in diesem strengen Sinn
alle Welt unheilig, profan ist. Der überweltliche, also transzendente Gott geht nur noch mit Wort und Weisung, nicht
aber mit seinem Wesen in die Dinge und in die Welt ein; er ist
vielmehr unendlich über sie erhaben.

Hier wird der ganze Gegensatz zwischen indianischem und
abendländischem Weltzugriff (man könnte fast sagen: zwischen jüdisch-christlichem und nicht jüdisch-christlichem
Weltverständnis) deutlich: Bei uns wird – abgesehen vom Gedanken der Inkarnation und der Sendung des Geistes – die
entschiedene Trennung zwischen dem einen transzendenten
und heiligen Gott und der gesamten übrigen un-heiligen
Wirklichkeit betont; im traditionellen indianischen Denken
dagegen geht das Göttliche mit seinen Kräften, seinen Ausstrahlungen und seinen Wirksamkeiten in die Gesamtheit der
kosmischen Wirklichkeit ein und macht so alle Welt zu einer
heiligen Welt. Wie im Hinduismus und wie in anderen Naturreligionen, so ist auch im indianischen Verständnis die
göttliche Urkraft in dieser Welt stets und an jeder Stelle

gleichzeitig vorhanden. Mit ihrer unbegrenzten Reichweite verknüpft sie deshalb auch alles Existierende miteinander.

Raum und Natur sind in diesem Verständnis Ausfächerungen und Emanationen (Hervorgänge) göttlicher Kräfte, die den Menschen zugleich einen bedenkenlosen Umgang mit den Gaben und Reichtümern der Natur verwehren. Der (jüdisch-christliche) Prozeß der Profanisierung und Entgöttlichung des Kosmos, welcher Gott aus der Schöpfung herausnimmt und ihn über ihr thronen läßt, hat hier nicht stattgefunden. Deshalb haben sich auch Indianer gegenüber der abendländischen Weltauffassung gelegentlich in ähnlicher Weise geäußert, wie sich der antike Schriftsteller Tacitus (ca. 55 – 120 n. Chr.) gegenüber dem biblischen Judentum seiner Zeit äußerte: »Ihnen ist alles profan, was uns heilig ist.« – Entsprechend heißt es im jüdischen Talmud: »Israel steht unter keinem Stern, sondern unter Gott allein.« Israel fand Gott eben nicht in der Natur, sondern nur in der (eigenen Heils-)Geschichte.

Dieser Prozeß der Profanisierung und Entmythologisierung der Natur ist Ausdruck des Dualismus im Alten Testament und ist zugleich – neben dem durch Platon begründeten und in Kapitel zwei erläuterten philosophischen Dualismus – die entscheidende Ursache für die Entwicklung von Wissenschaft, Technik und Naturbewältigung in der Geschichte des Abendlandes. Denn durch diese Entmythologisierung wurde der gesamte Kosmos entgöttlicht, dadurch auch ent-tabuisiert, gewissermaßen religiös neutralisiert und damit insgesamt dem menschlichen Zugriff geöffnet. Es verschwanden die Notwendigkeit für Opfer zur Besänftigung von Naturgeistern, die Angst vor einer Rache von Geistwesen oder die Scheu vor prinzipiell verbotenen, d. h. tabuisierten Bereichen. Es gab nichts Unantastbares mehr. Durch diese angstfreie Öffnung hatte die Natur aber zugleich den Schutz(mantel) verloren, der sie vor einer Vergewaltigung durch den

Menschen hätte bewahren können. Denn nur wenn wir Natur als etwas Heiliges betrachten können, mögen wir Scheu vor ihrer Verletzung empfinden.

Die entscheidende Frage in diesem Zusammenhang ist: Sind Bäume, Berge, Quellen etc. Konkretionen göttlicher Kräfte – oder sind sie nur Dinge, geschaffen zum Nutzen des Menschen? Sind Sonne und Mond Manifestationen göttlicher Macht – oder sind sie als Lampen von Gott an den Himmel gehängt, damit sie für den Menschen Tag und Nacht erleuchten (1 Mose 1, 16)? Ist der Kosmos die Gegenwart Gottes – oder gibt es nur eine rein »weltliche Welt«, in der Gott nicht vorkommt?

Keine Frage ist jedoch: Die dualistische Entdämonisierung und Profanisierung der Welt durch den (mono-)theistischen Gottesbegriff des Alten Testaments ist die entscheidende geistesgeschichtliche Voraussetzung der späteren naturwissenschaftlich-technischen Expansion und der aus ihr folgenden Verfügbarmachung, Beherrschung, Plünderung und Gefährdung der Erde.

Aus dieser biblisch begründeten Entheiligung der Erde ist auch die zunächst überraschende Tatsache zu verstehen, daß den Christen wie den Juden in der Antike der Vorwurf der Gottlosigkeit gemacht wurde – und daß eine heutige Indianerin sich vom Christentum lossagt mit den Worten: »Diese Religion ist mir nicht religiös genug«. Nach erfolgter Entsakralisierung der Welt ist der Kosmos der Christen und der Juden tatsächlich gott-los. Der »Baumfrevel« des Heiligen Bonifatius beim Fällen der den germanischen Völkern heiligen Donar-Eiche bei Geismar (zwischen 723 und 725 n. Chr.) kann als Musterbeispiel für diese Entgöttlichung der Natur angesehen werden, bringt ihre Entheiligung und Verachtung symbolträchtig zum Ausdruck.

An dieser Stelle wird auch sichtbar, daß der abendländische Glaube an die Machbarkeit aller Dinge (durch den Menschen), in dem sich Marxismus und Kapitalismus einig sind, nur aus dieser Desakralisierung der Welt heraus entstehen konnte. Das gilt auch dann, wenn man erkennt: Dieser »Allmächtigkeitswahn« der Menschen (vgl. Hans-Eberhard Richter: Der Gotteskomplex) ist erst in der Neuzeit recht zur Blüte gelangt, hat den Glauben an eine Geborgenheit in Gott unterminiert und so den Atheismus gestützt. – Man wird also sagen müssen, daß wichtige Elemente des biblischen Weltbildes letztlich zentrale Fundamente des jüdisch-christlichen Glaubens untergraben.

Man kann auch versuchen, es so auszudrücken: Das Christentum zieht sich »qua Religion« (als Religion) gewissermaßen immer wieder selbst den Boden unter den Füßen fort. Durch den theistischen Dualismus hat es eine entgöttlichte Welt geschaffen. Nun ist es in endlose Probleme mit der rein weltlichen Welt verstrickt: wundert sich und klagt, daß sich so viele Menschen mit einer gott-losen Welt zufriedengeben; daß sie den dadurch ermöglichten Materialismus kultivieren; und daß sie den transzendenten Gott der christlichen Verkündigung als eine unnötige, oftmals als eine störende Zugabe empfinden.

Die radikale Aufklärung mit ihrer manchmal strikten Ablehnung alles Heiligen, alles Erhabenen, alles Ehrfurchterheischenden führt diesen im jüdisch-christlichen Denken begonnenen Prozeß der Entsakralisierung nur konsequent zu Ende: Nach der ganzheitlichen Auffassung bei Naturvölkern, daß alles heilig sei (erste Stufe); und nach der dualistischen jüdisch-christlich-abendländischen Auffassung, daß streng zwischen Heiligem und Nicht-Heiligem zu scheiden sei (zweite Stufe); da versucht die radikale Aufklärung wieder ein ganzheitliches Weltbild zu gewinnen, in welchem nun alles profan und nichts mehr heilig ist, in dem »jede Spur des Heiligen getilgt« ist (dritte Stufe). Für den so geprägten modernen Menschen verliert der Kosmos damit endgültig seine transzendente Dimension, wird blind, undurchsichtig und stumm. Er spricht nicht mehr zum Menschen – oder besser: Der Mensch versteht nun endgültig die Sprache des Kosmos nicht mehr.

Zugleich wird deutlich, daß den eigentlichen Gegenpol zu dieser strikten Desakralisierung der Welt in der Aufklärung nicht die abendländische Tradition darstellt. Diese tut mit ihrem Dualismus vielmehr den ersten Schritt, dem die totale Tilgung des Heiligen in diesem Verständnis von Aufklärung nur den zweiten Schritt hinzufügt. Die eigentliche Gegenposition hierzu findet sich vielmehr in der Weltanschauung von Naturvölkern, für die hier Indianer als Beispiel stehen.

Alle diese Überlegungen führen uns zu der Erkenntnis, daß unsere heutige überwältigende Naturbeherrschung wie auch die daraus resultierende tödlich bedrängende Umweltproblematik letztlich eine Folge der Entheiligung der Natur und der Entmythologisierung der Welt durch das biblische Gottes- und Weltverständnis ist. Für den Religionsforscher Mircea Eliade (Das Heilige und das Profane; Hamburg 1957, S. 9 ff.) kennzeichnet der »gänzlich desakralisierte Kosmos« das Gesamterlebnis »des nichtreligiösen Menschen der modernen Gesellschaften«, wogegen »der religiöse Mensch immer bemüht ist, in einem heiligen Universum zu leben ... in einem geheiligten Kosmos ... daß für den religiösen Menschen alle Welt heilige Welt ist.« Darum liegt das Haus des religiösen Menschen immer im Zentrum der Welt »und stellt zugleich ein mikrokosmisches Abbild des Universums dar«. Denn die Wohnung des Menschen »ist das Universum, das der Mensch sich baut«.

Wir erkennen hierbei, daß nordamerikanische Indianer – wie andere Naturvölker – nicht darum an der Umweltproblematik unschuldig sind, weil sie so bewußt ökologisch dächten und handelten; sondern weil in ihren religiösen Traditionen der Prozeß der Entheiligung der Welt nicht stattgefunden hat. Wir kennen es ähnlich von den Griechen und Römern, auch von den vorchristlichen Religionen der Germanen und Kelten: Vielen Dingen der physikalischen Realität wird eine eigene Seele, eine eigene geistige Kraft zuerkannt. Denken wir etwa an das Orakel von Delphi in Griechenland, an die Externsteine in Norddeutschland, an das Sonnenheiligtum von Stonehenge in England.

In ähnlicher Weise betrachten auch Indianer traditionell alle Dinge dieser Welt als geistdurchwirkt, erkennen nicht nur dem Menschen, sondern auch den Tieren und Pflanzen eine eigene spirituelle Kraft zu und weiten diese Teilnahme am Geistigen auch auf die unbelebte Natur aus. (Unsere Religionswissenschaft nennt diese Auffassung Animismus.) Die früher genannten heiligen Berge und Seen in indianischen Kulturen sind darum für diese Menschen nicht gänzlich einmalig in einer sonst entheiligten Welt; vielmehr stellen sie Konzentrationspunkte einer heiligen Natur dar, die alles Seiende durchwebt. – Über die einzelnen Stufen des Verlustes dieser kosmischen Ganzheitlichkeit in der Geschichte der Menschheit soll im nächsten Kapitel genauer gesprochen werden.

Im Verlauf der Kolonialisierung, der Europäisierung und der Christianisierung gelangte der Prozeß der Profanisierung der Natur natürlich auch zu Indianern (und anderen Naturvölkern). Ihr Bewußtsein eines existentiellen Einsseins des Menschen mit einem grundsätzlich heiligen Raum und einer heiligen Natur war danach vielen vernichtenden Angriffen ausgesetzt und machte oftmals einem abendländischen Dualismus mit seiner strengen Entgegensetzung von heilig und profan Platz. Heute wissen Indianer oftmals nicht mehr, welches ihre »Relation zur Erde und zu den Sternen« ist.

Doch hat an manchen Stellen der überlieferte indianische Sinn für die existentielle Notwendigkeit einer religiös fundierten räumlichen Orientierung des Menschen in dieser

Welt – also der Sinn für eine geordnete, heilsame und intime Beziehung zwischen Mensch und Natur – bis heute überlebt. Das soll am Beispiel eines Textes verdeutlicht werden, der bei den Omaha-Indianern von einem traditionellen Priester zur Geburt eines Kindes gesprochen wurde und der eben diese Ganzheit von Geist und Natur zum Ausdruck bringt:

Ho   ihr Sonne Mond und Sterne
      alle ihr die ihr euch in den Himmeln bewegt
      bitte hört mich
      in eure Mitte ist ein neues Leben gekommen
      nehmt es auf bitte
      macht seinen Weg eben
      so daß es erreichen möge
      den Rand der ersten Anhöhe.

Ho   ihr Winde Wolken Regen Nebel
      alle ihr die ihr euch in der Luft bewegt
      bitte hört mich
      in eure Mitte ist ein neues Leben gekommen
      nehmt es auf bitte
      macht seinen Weg eben
      so daß es erreichen möge
      den Rand der zweiten Anhöhe

Ho   ihr Hügel Täler Flüsse Seen Bäume Gräser
      alle ihr von der Erde
      bitte hört mich
      in eure Mitte ist ein neues Leben gekommen
      nehmt es auf bitte
      macht seinen Weg eben
      so daß es erreichen möge
      den Rand der dritten Anhöhe

Ho ihr Vögel groß und klein
die ihr fliegt in der Luft

Ho ihr Tiere groß und klein
die ihr wohnt in den Wäldern

Ho ihr Insekten
die ihr kriecht zwischen den Gräsern
und euch in den Boden grabt
bitte hört mich
in eure Mitte ist ein neues Leben gekommen
nehmt es auf bitte
macht seinen Weg eben
so daß es erreichen möge
den Rand der vierten Anhöhe.

Ho alle ihr von den Himmeln
alle ihr von der Luft
alle ihr von der Erde
bitte hört mich
in eure Mitte ist ein neues Leben gekommen
nehmt es auf
nehmt es alle auf bitte
macht seinen Weg eben
dann wird es wandeln
über die vier Anhöhen hinaus.

Dieses Gebet (vgl. R. Kaiser, Gesang des Regenbogens – Indianische Gebete, S. 20 f.) demonstriert die integrative und ganzheitliche Struktur indianischen Selbst- und Weltverständnisses. Ein indianischer Medizinmann stellt ein neugeborenes Kind den kosmischen Kräften vor und empfiehlt es ihrer Fürsorge. Dabei repräsentieren die im Gebet genannten vier Hügel die vier menschlichen Lebensalter: Kindheit, Jugend, Erwachsenenwelt, Alter. Das Gebet zeigt und verkörpert zugleich eine enge Beziehung zwischen den Menschen und den Kräften des Universums. Mensch, Tier, Pflanze, Mineralien, die Kräfte der Natur und die Himmelskörper werden in einer engen spirituellen Verbindung gesehen. Deshalb kann der Mensch diese Wirklichkeiten und Kräfte ansprechen, kann ihnen das neugeborene Kind vorstellen und es ihrem Schutz anvertrauen.

Zugleich hat der Mensch die Gewißheit, daß er von den angesprochenen Kräften der Natur verstanden wird, denn er versteht sich als ihr Verwandter; als Bruder und Schwester von Sonne, Winden, Bäumen, Vögeln; als ein integrierter Teil eines spirituellen kosmischen Ganzen. Hier bricht sich wieder der Gedanke einer kosmischen Interdependenz, einer umfassenden kosmischen Solidarität, einer Weltfamilie aller Seinsbereiche Bahn. Der Mensch ist geschwisterlich mit allem verbunden, ist gleichzeitig von allem abhängig und für alles verantwortlich. Im indianischen Denken werden alltägliche Dinge unseres Lebens durchsichtig für geistige Strukturen und sie werden so zu einem Partner für menschliches Sprechen, Denken, Fühlen, Beten. – Keine Frage, daß in heutiger Zeit auch in unserer Kultur solche Gedanken wieder zunehmende Aufmerksamkeit finden.

Man mag diese Denkweise Animismus nennen, sollte dann aber erkennen, daß es sich dabei um eine ebenso logische und zusammenhängende Weltansicht handelt wie bei unserer dualistisch/wissenschaftlichen Weltanschauung. Dann wird auch klar, daß Animismus nicht eine (längst überwunden geglaubte) *Periode* des menschlichen Denkens darstellt, sondern eine *Struktur* des Denkens, die nicht an eine Zeit gebunden ist. Der Animismus ist eine besonders lebendige und nicht weniger gültige Anschauung der Wirklichkeit, nach der Gott immer schon und immer noch auf Erden ist; sie vollzieht immer wieder eine »Hochzeit zwischen Himmel und Erde«; sie findet sich bei Kindern, Dichtern, Künstlern, Mystikern und Naturvölkern zu jeder Zeit und an jedem Ort der Erde.

Es bedarf keiner großen Phantasie, um zu ermessen, wie erfolgreich – im räumlich-weltlichen Sinne – die abendländische dualistische und fortschrittsorientierte Weltanschauung sein mußte und ja tatsächlich auch war. Die hohe, ja religiöse Wertung des menschlichen Fortschreitens setzte enorme Kräfte für eine dynamische Bewegung nach vorn frei. Zugleich konnte eine Natur ohne religiöse Tabus, also eine profane Welt, diesem Fortschritt kein Hindernis mehr in den Weg legen; vielmehr waren aller Raum und alle Natur zum frei verfügbaren Werkstoff menschlicher Weltgestaltung geworden.

Das Aufeinandertreffen europäischer und indianischer Kulturen in Amerika konnte nicht zu einfacher Vermischung führen. Auseinandersetzungen waren unvermeidlich. Durchgesetzt hat sich – wie wohl stets in der Geschichte – die materiell und technisch höher entwickelte; die straffer organisierte und späterhin zahlenmäßig überlegene; die auf Raumgewinn vorprogrammierte; die dem Fortschritt religiöse Legitimation verleihende Kultur.

Heute sind noch etwa fünf Prozent des Landes der Vereinigten Staaten in indianischem Besitz. Es dürfte klar sein, was das für die Menschen einer Kultur bedeutet, in deren Mittelpunkt das Konzept eines sakralen und identitätstiftenden Raumes stand. Erfahrungen existentieller Sinnlosigkeit, Verlust an kultureller Orientierung und Identität, oftmals physische Vernichtung sind die Folgen bei denjenigen Indianern, die nicht mehr durch traditionelle Werthaltungen abgesichert sind. Damit werden solche indianischen Gemeinschaften, die zwischen den Kulturen hängen, zum sozialen Problem und zu einer wirtschaftlichen Aufgabe für die euroamerikanische Gesellschaft. – Zugleich erkennen wir in überlieferten indianischen Gedanken Möglichkeiten der Überwindung der von uns selbst geschaffenen Krisen und Probleme.

13. Heilige und entheiligte Welt

> »Im indianischen Denken gibt es nicht die Vorstellung,
> daß ... das Seiende auf einer langen, von unten nach
> oben weisenden Leiter angeordnet ist, wobei Erde und
> Bäume eine sehr niedrige Sprosse besetzen, Tiere eine
> etwas höhere und der Mensch ganz oben sitzt – beson-
> ders der zivilisierte Mensch. Vielmehr werden alle Dinge
> gesehen als Brüder und Verwandte (und in Stammesge-
> sellschaften ist Verwandtschaft zentral); alle sind Ab-
> kömmlinge des Großen Geheimnisses, Kinder unserer
> Mutter (Erde) und notwendige Glieder eines geordne-
> ten, ausbalancierten und lebendigen Ganzen.«
>
> *Paula Gunn Allen*

Bemühungen in unserer heutigen Welt, neues geistiges Ter-
rain zur Überwindung unserer weltanschaulichen Krisen zu
gewinnen, tendieren immer wieder dahin, den charakteristi-
schen Dualismus abendländischer Prägung zu überwinden
und wieder den Zugang zu der *einen ganzen* Welt zu gewinnen, die vor mehr als 2000 Jahren verlorengegangen ist.
Ein wichtiger Aspekt dieses gedanklichen Dramas ist die Frage nach der Heiligkeit bzw. der Unheiligkeit der Welt. Vor
dem Auseinanderbrechen der einen ganzheitlichen Welt in
unterschiedliche Seinssphären wurde diese eine Welt in aller
Regel als geistig *und* materiell, als göttlich *und* irdisch, als transzendent *und* immanent verstanden. (Noch heute gilt dies für
die Weltanschauungen von Naturvölkern mit den zugehörigen Naturreligionen ebenso wie für große Teile der sogenannten »östlichen«, also der indisch-chinesischen Weise, die Welt
zu sehen.) Das bedeutete, daß diese eine vom göttlichen Geist
durchwirkte Welt in ihrer Gesamtheit als heil und darum als
heilig verstanden wurde. Erst die Differenzierung zwischen

dem Heiligen und dem Unheiligen, das Auseinanderziehen der eng verwobenen Bänder des Göttlichen und Weltlichen, hat dann eine fortschreitende Konzentrierung der Heiligkeit auf den transzendenten Gott – und gleichzeitig eine entsprechende Ent-Heiligung und Profanisierung der rein materiellen Welt mit sich gebracht. So ergab sich dann der Gegensatz der beiden getrennten Seinsweisen, von denen die eine nur noch als weltlich und profan verstanden wurde, die andere ausschließlich als überweltlich und sakral.

Es ist klar, welche Gefahr in dieser Dualisierung und der dazugehörigen Ent-Heiligung der Welt steckt. Denn in dem Augenblick, in dem ein Mensch einen dieser getrennten Seinsbereiche nicht mehr als für sich gültig und existent anerkennen kann, wird er ausschließlich auf die Einseitigkeit des anderen Bereiches zurückgeworfen. So gibt es einerseits Lebensformen, die sehr stark auf das Spirituelle, Göttliche, Jenseitige hin orientiert sind und die irdische Welt verachten. Andererseits gilt diese Einseitigkeit aber vor allem, wo Menschen die ferne Transzendenz des Geistigen und Göttlichen aus irgendeinem Grunde nicht mehr mittragen, nicht mehr anerkennen können. Ihnen bleibt dann nichts als eine entsakralisierte, eine rein materiell-mechanistisch organisierte Welt. Damit sind dem Materialismus, dem Nihilismus und dem Atheismus alle Tore geöffnet.

Diese Denkfigur, die den Atheismus und den Nihilismus als eine mögliche Folge des Dualismus und der Entmythologisierung erklärt, hat alle Logik und Überzeugungskraft auf ihrer Seite. Schon die Überlegung, warum Atheismus, Nihilismus und Materialismus in Naturreligionen traditionell gar kein Thema sind, während sie sich gerade in unserer (dualistisch geprägten) abendländischen Kultur immer wieder laut zu Wort melden, weist in diese Richtung.

Mit der gleichen Denkfigur kann wahrscheinlich auch der Teufelskult, der Satanismus und der Höllenglaube in der abendländischen Geschichte verständlich gemacht werden. Wie die dem Atheismus und Nihilismus anhangenden Menschen haben auch die Anhänger dieser Kulte den Glauben an den einen transzendenten Gott verloren; sie enden daraufhin aber nicht in der reinen »gottlosen« Diesseitigkeit, sondern suchen sich einen Religionsersatz als Widerpart des verlorengegangenen Gottes. Dualismus in diesem Verständnis nähert sich der Zwei-Prinzipien-Lehre aus der Religionsgeschichte. Die Entwicklung des Dualismus und der Entheiligung der Welt zum Atheismus und Nihilismus hin hat sich ja tatsächlich im Abendlande – und gerade und nur im Abendlande – immer wieder vollzogen. Es ist darum auch gerechtfertigt, die verschiedenen Formen des Materialismus und Nihilismus in unserer kulturellen Tradition als legitime und wahrscheinlich unvermeidliche Nachkommen der von Platon und Mose begründeten Dualisierung der Wirklichkeit zu betrachten. Materialistischer Marxismus, materialistische Naturwissenschaften, technologische Kultur und die verschiedenen anderen Formen des Materialismus und Nihilismus sind dann letztlich nicht Zeichen eines Verlustes der europäischen Tradition, sondern ihre legitimen Kinder und Erben.

Wir können sogar noch einen Schritt weiter gehen. Der Dualismus hat sich in der Ich-Welt-Beziehung des Menschen als kosmischer Imperialismus ausgeprägt und er hat so zum Herrschaftsauftrag über die Welt an den Menschen geführt. Zugleich wird klar, daß der Dualismus in der Ich-Gott-Beziehung des Menschen zu seiner Unterwerfung unter den allmächtigen und überweltlichen Gott führt. Wo diese letztgenannte Unterwerfung nun nicht mehr sinnvoll und glaubend vom Menschen vollzogen werden kann – und das gilt für unsere atheistisch und nihilistisch geprägte Kultur vielerorts –, da bleibt dem Menschen nur der Herrschaftsauftrag über die Welt, der sich dann als innerweltlicher Materialismus verabsolutiert.

Demgegenüber lebten die Bewohner Amerikas vor der Ankunft der Europäer mit der Vision einer relativ ganzheitlichen Welt. Praktisch alle Völker Amerikas folgten dem mythischen Weltbild, in dem die Bereiche des Geistigen und des Materiellen, des Heiligen und des Profanen nicht streng differenziert waren, sondern ein Ganzes bildeten. Die Menschen erkannten in der Welt selbst die Offenbarung einer göttlichen Kraft und sahen in allen Dingen zugleich die Gegenwart des Geistigen. Wenn man also einen traditionell eingestellten Indianer fragt, welchen Bereich der Welt er als heilig anerkennt, so lautet seine Antwort in aller Regel: »ALLES«.

So bekennt der Häuptling Seattle in der Urfassung seiner berühmten Rede von 1854/1887: »Jeder Teil dieses Landes ist meinem Volke heilig.« Und Black Elk, ein heiliger Mann der Lakota-Sioux, sagt zur Welt, indem er sie anspricht: »Jeder Schritt, den wir auf Dir tun, sollte in heiliger Weise getan werden; jeder Schritt sollte wie ein Gebet sein.«

Da wo die Erde als geistdurchwirkt und lebendig verstanden wird, gilt sie auch als heilig in all ihren Teilen. In einem insgesamt sakralen Kontinuum des Universums gibt es nach dieser Auffassung keine Grenzen und deshalb auch keine Orte, die rein profan sind. »Für den religiösen Menschen ist das Übernatürliche unauflöslich mit dem Natürlichen verbunden, ist die Natur immer Ausdruck für etwas, das sie transzendiert.« (Mircea Eliade)

Die geistige Kraft, die das Universum durchdringt, wird dabei manchmal mehr als eine unpersönliche Macht verstanden, ein anderes Mal mehr als eine persönliche Gottheit. Ebenso wird die Vielzahl der geistigen Kräfte und Mächte, die im Universum wirksam sind, häufig als Ausfächerungen einer einzigen zentralen geistigen Kraft gesehen. Entscheidend ist, daß diese mehr pantheistischen oder mehr theistischen Konzepte keineswegs widersprüchlich empfunden werden, sondern als sich ergänzende unterschiedliche Vorstellungen; als die zwei Enden einer einzigen geistigen Wirklichkeit. *Ein* Geist durchatmet das ganze Universum und schließt die verschiedenen geistigen Strukturen einzelner Orte und Dinge in sich zusammen.

Dabei werden dieser geistigen Wesenheit unterschiedliche Namen gegeben. Am bekanntesten sind wohl die Benennungen *Lebensspender* bei den Apachen, *Manitou* bei den Algonquin, *Erdschöpfer* bei den Papago, *Spender des Atems* bei den Cherokee oder *Großer-über-die-ganze-Welt-hin-und-her-Schreitender* (für die Sonne) bei den Kwakiutl. Zusammengefaßt wird dieses geistige Prinzip heute zumeist als *Großes Geheimnis* oder *Großer Geist* angesprochen: ein Geist, der in allem atmet und der alle anderen geistigen Wesenheiten in sich umschließt.

Da nach dieser indianischen Vorstellung alles in der Natur eine geistige Kraft besitzt, ist alles, einschließlich des Menschen, in dieses umfassende Netzwerk spiritueller Beziehungen aller Wirklichkeit eingebunden. Der Mensch ist nach dieser Auffassung nicht Herr des Universums, sondern Mitgeschöpf, das sich in einer verwandtschaftlichen Beziehung zu allen anderen Wesenheiten empfindet. Deshalb kann der Mensch auch mit Tieren, Pflanzen und Gestirnen in spirituellen Kontakt treten, kann ihre spirituellen Anliegen, ihre Sprache verstehen und seinerseits sicher sein, daß die Lebewesen seine eigenen Gedanken, Gebete und Empfindungen verstehen. Für diese Menschen ist Natur eine große vernetzte Gemeinschaft, die sowohl Tiere, Pflanzen und Menschen wie auch alle Mineralien umschließt und in der es keine Trennung zwischen rein geistigen und rein materiellen Wesenheiten gibt.

Dieses ganzheitliche Universum befindet sich im Idealzustand in einer empfindsamen Balance. Jede Störung an einer Stelle der Vernetzung hat Auswirkungen auf alle anderen Teile des Systems. Erhaltung oder Wiederherstellung dieser

Balance war die wichtigste Aufgabe des Menschen. Das bedeutete, daß er nicht in die Natur eingreifen durfte, ohne diesen Eingriff gleichzeitig wieder zu heilen (vgl. Kap. 8). In ähnlicher Weise ist die Krankenheilung eines Medizinmannes vor allem darauf gerichtet, den an dieser Stelle gestörten Einklang des Patienten mit dem Universum wiederherzustellen. Dafür ist natürlich die priesterliche Funktion ebenso wichtig wie die ärztliche.

Dieser Gedanke einer Weltfamilie und eines kosmischen Verbundes aller Wirklichkeit, einschließlich des Menschen, kommt in der heiligen Pfeifenzeremonie der Lakota-Sioux zum Ausdruck. Der aus der heiligen Pfeife aufsteigende und sich mit der Luft verbindende Rauch ist ein Zeichen für die Verbindung des Menschen mit dem Kosmos. Und alle Teilnehmer der Zeremonie rufen aus: »Wir sind alle miteinander verwandt!« Damit ist aber nicht nur eine geistige Verwandtschaft innerhalb dieser Menschengruppe gemeint, sondern zugleich eine mystische und spirituelle Verwandtschaft und Verbundenheit mit allen Formen des Seins, also mit allem, was ist.

Navajo-Gebete bringen diesen Gedanken der allgemeinen Heiligkeit und der Gemeinschaft alles Seienden besonders überzeugend zum Ausdruck. Aus der Zeremonie »Navajo Night Chant« gibt es hierzu ein eindrucksvolles Beispiel, in welchem die Welt als Haus angesprochen wird:

Haus aus Morgendämmerung
Haus aus Abendlicht
Haus aus segenspendender Wolke
Haus aus zeugendem Regen
Haus aus geheimnisvollem Nebel
Haus aus fruchtbringendem Regen
Haus aus Blütenstaub
Haus aus Grashüpfern

Segenspendende Wolke steht an seinem Eingang
Segenspendende Wolke steht an seinem Ausgang
Der zuckende Blitz steht hoch über ihm

Väterlicher Gott
Mache meine Füße gesund
Mache meine Beine gesund
Mache meinen Körper gesund
Mache meine Seele gesund
Mache meine Stimme gesund
Am heutigen Tag nimm den Schaden von mir.

In Einklang und Harmonie werde ich gesund
In Einklang und Harmonie wird mein Inneres ruhig
In Einklang und Harmonie schreite ich einher
Mit Einklang und Harmonie vor mir
    schreite ich einher
Mit Einklang und Harmonie hinter mir
    schreite ich einher
Mit Einklang und Harmonie unter mir
    schreite ich einher
Mit Einklang und Harmonie über mir
    schreite ich einher
Mit Einklang und Harmonie um mich herum
    schreite ich einher

In Einklang und Harmonie
    ist es beendet.

In diesem Text beziehen sich *Einklang und Harmonie* (= hózhó; vgl. Kap. 6) sowohl auf die geistige Schönheit wie auch auf die Schönheit der natürlichen Welt. Das deutsche Wort Einklang verweist auf das Gestimmtsein, die Stimmigkeit der geistigen und der natürlichen Welt. Aus dieser »Stimmigkeit« hat sich dann – wie mancher Leser vielleicht weiß – in der deutschen Sprachgeschichte das Wort »Sinn« entwickelt. Danach ist das Sinnhafte also dasjenige, was in jeder Beziehung stimmig ist. So kann dieses hymnische Navajo-Gebet vielleicht gar unserer Sinn-Suche behilflich sein. Und daß der Mensch in diesem Gebet »in Einklang und Harmonie einherschreitet«, bedeutet, daß diese Empfindungen und Überlegungen für ihn nicht nur ein gedanklicher Inhalt sind, sondern eine Lebensform, eine Weise des Umgangs mit der Welt geworden sind.

Diese indianische Vorstellung von einer umfassenden Heiligkeit aller Dinge verband sich mit der überlieferten indianischen Auffassung, daß sich an bestimmten Stellen die geistige Kraft stärker offenbare als an anderen. Hohen Bergen, tiefen Schluchten oder anderen durch ihre Erscheinung ausgezeichneten Punkten des Landes wurde eine besondere, eine konzentrierte geistige Energie zugesprochen. Da diese Punkte in der Regel zugleich die äußere Welt eines Volkes begrenzten, kann man dabei geradezu von einer »heiligen Geographie« sprechen. Ganz ähnliches findet man bei anderen Naturvölkern wie auch bei den alten Chinesen.

Die traditionelle indianische Auffassung vom Universum besagt also: Die ganze Welt ist eine spirituell-religiöse Wirklichkeit. Das Universum ist wegen seiner durchgehenden geistigen Struktur und seiner totalen Vernetzung eine insgesamt heilige Ordnung, ein heiliges Kontinuum. »Das ganze Universum ist erfüllt von dem gleichen Atem: Steine, Bäume, Gras, Erde, alle Tiere und der Mensch.« (Intiwa, ein Hopi) Weil die Welt nicht als zerrissen, sondern als heil verstanden wurde, war sie für die Menschen auch insgesamt heilig und mit heilender Kraft begabt. »Jede Morgendämmerung, wie sie kommt, ist ein heiliges Ereignis, und jeder Tag ist heilig.« (Black Elk, Sioux) – Doch dieses insgesamt heilige Kontinuum enthielt in sich selbst gleichwohl gewisse herausgehobene Zentren geistiger Kraft.

Die nächste Stufe auf dem Wege von dieser ganzheitlichen indianischen Kosmologie hin zu einer allgemeinen Profanisierung erkennen wir bei den Griechen in der Antike: Bei ihnen galt nicht die ganze Welt als heilig, sondern es gab abgetrennte Heiligtümer. Diese befanden sich in Räumen, die – gewöhnlich durch eine Mauer – von dem umgebenden Gebiet abgesondert waren. »Die Heiligung beginnt damit, daß aus dem Ganzen des Raumes ein bestimmtes Gebiet herausgelöst, von anderen Gebieten unterschieden und gewissermaßen religiös umfriedet und umhegt wird.« (Cassierer) Hier haben wir also den Gedanken der Trennung, der äußeren Absonderung und der Heraushebung eines heiligen Ortes aus einer sonst nicht insgesamt heiligen Welt.

Dieses vom indianischen unterschiedene Verständnis des Heiligen wird auch durch die griechische und die lateinische Sprache gestützt: Das griechische Wort für solch einen abgetrennten heiligen Ort ist »temenos«. Dieses ist wiederum abgeleitet von dem griechischen Verb »temno«, welches soviel bedeutet wie »ich schneide ab«, »ich trenne ab«. Ganz ähnlich bezeichnet das lateinische Wort »templum«, welches natürlich der Ursprung unseres Wortes »Tempel« ist, ursprünglich einen abgesonderten, einen abgetrennten Bezirk.

Die Orte, die auf diese Weise abgetrennt und hervorgehoben wurden, zeichneten sich in der Regel durch natürliche Besonderheiten aus: ein Hain mit alten Bäumen, eine Quelle, eine Bergspitze, ein Erdspalt. Diese natürlichen Besonderheiten eines Raumes galten als Wohnung, als Offenbarung des Gottes. Innerhalb der Grenzen des heiligen Raumes galten besondere Regeln für das menschliche Verhalten: Alltägliche Arbeiten wie Jagen oder das Schlagen von Holz waren verboten. Erlaubt war nur religiöse Verehrung. Ein Kranker konnte hier Heilung suchen, ein Flüchtling Zuflucht. In jedem Falle aber galt, daß der heilige Ort von dem umgebenden profanen Gebiet abgetrennt war. Gegenüber einer sogenannten heiligen Geographie von Indianern, denen grundsätzlich alles als heilig galt, haben wir also in der Antike in bezug auf das Heilige schon eine beginnende Dualisierung, die zwischen Heiligem und Nicht-Heiligem trennt.

Auf die Frage »Wie weit reicht der Bereich des Heiligen in dieser Welt?« haben wir jetzt also zwei verschiedene Antworten: Während Indianer traditionell alle Welt als heilig betrachten und dabei bestimmte Orte durch besondere heilige Kräfte ausgezeichnet sehen, lautete die Antwort der antiken Welt: Heilig ist das, wo sich der Gott offenbart. Außerhalb der trennenden Grenzen und Mauern des Heiligtums galt kein besonderer Schutz der Götter, und die Menschen waren frei, die Erde nach ihrem Gutdünken zu nutzen (vgl. Hughes/Swan: How Much of the Earth is Sacred Space? Environmental Review 10,4).

Eine dritte Form des Verständnisses von Heiligkeit der Welt erkennen wir bei den Hebräern des Alten Testamentes. Zwar gibt es im Alten Testament Aussagen, die nahezulegen scheinen, daß alle Erde heilig ist – so, wenn der Psalmist singt: »Die Erde ist des Herrn« (Psalm 24, 1). In Wirklichkeit ist es aber das auszeichnende Merkmal des israelitischen Gottes, daß er ein transzendenter Gott ist, der eindeutig jenseits der Schöpfung steht. Deshalb ist auch nicht die Welt als ganze heilig, und es gibt auch keine Orte, die durch ihre natürliche Beschaffenheit die Gegenwart Gottes demonstrieren (wie in der griechischen Religion). Natur-Gottheiten in Bergen, Quellen und Gestirnen werden durch die jüdische Religion gewissermaßen von ihren Plätzen vertrieben.

Allerdings gibt es auch bei den Israeliten heilige Orte, wie den Berg Zion oder den Tempel zu Jerusalem. Jerusalem erscheint gar als Mittelpunkt der Welt. Auch die Wüste und das Gelobte Land spielen in der Identitätsfindung dieses Volkes eine bedeutende Rolle. Alle diese Orte gelten aber gewissermaßen nicht aus eigenem Recht als besondere Kraftzentren und Offenbarungsstätten Gottes, sondern deshalb, weil sie auf Gottes Geheiß vom Volke Gottes zu heiligen Orten erklärt wurden. Die Israeliten *erkennen* also nicht einen Ort als heiligen Ort – wie die Griechen –, sondern sie *erklären* einen Ort zum heiligen Ort auf Weisung ihres über jeden Ort erhabenen Gottes.

Die übrige Welt ist ohnehin unheilige Welt. D.h., der Prozeß der Desakralisierung der Natur ist hier einen Schritt weitergeführt als in der Religion der antiken Welt. So gewinnt das oben zitierte Wort des römischen Historikers Tacitus Sinn, daß den Juden alles profan sei, was den Römern heilig war. Dazu paßt wiederum, daß schon am Beginn des Schöpfungsberichtes des Alten Testamentes die ganze Welt dem Menschen untertan gemacht wird. Kein Zweifel also, daß das Alte Testament vom Beginn des Schöpfungsmythos an dualistisch denkt.

Diese alttestamentliche Auffassung wird dann im Christentum zu einer vierten Form religiöser Kosmologie weiterentwickelt. Zwar lehrt das Neue Testament nicht, daß die Natur an sich böse sei, doch der Gedanke des Falles (der Erbsünde) und der Erlösung (durch Jesus Christus) wurde von Paulus und der frühen Christenheit nicht nur auf den Menschen, sondern auf die ganze Schöpfung bezogen. So ergab sich die verbreitete Auffassung, daß die natürliche Welt das Reich des Teufels, daß also der Teufel der Fürst der Welt sei. Dementsprechend wurden die Gläubigen angehalten, die Welt nicht zu lieben, sich möglichst von ihr zu befreien. Der Kirchenvater Basilius sagte, daß sich die Herrschaft des Satans über die ganze Erde erstrecke.

Diese christliche Auffassung steht sicherlich in der Tradition der alttestamentlichen Verfluchung der Erde nach dem Sündenfall durch Gott. Aber sie vertieft den Dualismus dieser Auffassung noch beträchtlich. Die Welt steht im Gegensatz zu Gott und wird immer wieder als Reich seines Widersachers betrachtet. Eine geläufige Wendung war, daß wir Menschen zwar *in* der Welt sein sollten, aber nicht *von* der Welt, da sie ja gefallen, sündhaft und erlösungsbedürftig sei.

Und doch gibt es auch in dieser so dunkel gesehenen Welt nach christlichem Verständnis heilige Orte, so etwa Kirchen und Klöster, Wallfahrtsorte und Gnadenstätten. Diese Orte sind darum heilig, weil sie von kirchlichen Autoritäten zu solchen erklärt werden und weil in dem vom Priester geweihten Sakrament (im Tabernakel der Kirche oder des Klosters) Gott gegenwärtig ist. Diese sakramentale Gegenwart Gottes gilt nicht für die Natur als ganze und findet auch keine notwendige Stütze in irgendwelchen auffallenden Naturerscheinungen, sondern ist ausschließlich durch Gottes Willen und die Kraft des geweihten Priesters bedingt. Nicht die Heiligkeit eines Ortes ist Grund für die Errichtung eines Heiligtums, sondern die Errichtung eines Heiligtums macht einen Ort zum heiligen Ort. Eine kosmozentrische Haltung weicht einer anthropozentrischen.

Der Dualismus zwischen Gott und Welt, zwischen dem Heiligen und dem Unheiligen, übertrifft hier noch den griechischen und den alttestamentlichen Dualismus. Die Trennung eines heiligen Ortes von der unheiligen Welt wird auch durch die wehrhaften Mauern eines Kirchenbaues oder durch die Abgeschlossenheit eines Kreuzganges gegenüber der umliegenden Welt deutlich markiert. Die Schwelle der Kirche oder des Klosters trennt zwei sehr unterschiedliche Welten voneinander.

Der Unterschied dieser Auffassung zu der indianischen Überzeugung, daß aller Raum und alle Natur heilig sei, ist außerordentlich groß. Aus dem Kontinuum einer einheitlich-spirituell-religiös strukturierten Welt sind zwei sehr unterschiedlich gewertete Bereiche geworden, die durch Schwellen, Mauern und andere Trennungslinien möglichst streng voneinander geschieden werden. Die heilende Kraft eines Raumes wird nach diesem Denken vielleicht noch in der Abgeschiedenheit eines Klosterganges, eines Sanatoriums oder eines Parks erfahrbar, jedoch nicht mehr in der Natur als ganzer. – Es kann darum nicht überraschen, daß Europäer und Indianer bei ihrer Begegnung in Amerika auch in dieser Beziehung einander nicht verstehen konnten.

Aber die biblisch-griechisch-abendländische Auffassung hat sich in Europa noch weiterentwickelt. Der Kapitalismus erklärte endgültig das Land zu einer Handels- und Gebrauchsware, die man wie jedes andere Handelsgut kaufen oder verkaufen, pflegen oder vernachlässigen kann. Und die früheren Grenzen zwischen heiligen und unheiligen Räumen wurden in einer zunehmend säkularisierten Welt zu fest markierten und unverletzlichen Eigentumsgarantien. Ähnliches galt auf der Ebene der Staaten, wo ein rigider Nationalismus harte Grenzmarkierungen und unentwegten Streit um Grenzgebiete förderte. Vertraglich festgesetzte Grenzen waren wie Eigentumsgrenzen.

Indianer konnten diese Abgrenzungs- und Eigentumsvorstellungen gar nicht nachvollziehen. Daß man Land kaufen oder verkaufen könne, erschien vielen von ihnen widersinnig. Zu Beginn des 19. Jahrhunderts sagte Häuptling Tecumseh dazu:

»Die Erde verkaufen? Warum dann nicht auch die Luft verkaufen, die Wolken, das große Meer?«

Deshalb war es für sie auch selbstverständlich, daß sie in einem Gebiet weiter jagen konnten, daß dem Titel nach nun vielleicht dem englischen König oder irgendeiner Privatperson gehörte. Für Europäer handelte es sich bei solchen Grenzverletzungen dagegen um schwere Vergehen. Man erkennt auch hieran, welche Verständnisschwierigkeiten es im Umgang der beiden Kulturen aufgrund ihrer unterschiedlichen Weltansichten gab und geben mußte.

Eine letzte und damit sechste Entwicklungsstufe in der Frage der Heiligkeit der Welt ergab sich in diesem Jahrhundert: zunächst mit der Entwicklung von Nationalparks, Nationalwäldern und Wildnisgebieten in den USA – und in den letzten Jahrzehnten mit dem Aufkommen des ökologischen Denkens in der westlichen Welt. Diese beiden Entwicklungen in diesem Jahrhundert hängen miteinander zusammen. Denn auch bei der Gründung von Nationalparks in Amerika war der Gedanke des Naturschutzes schon gegenwärtig. Menschen, die das Konzept dieser Parks entwickelten, so vor allem John Muir (1838 - 1914), hatten ein tiefes Gefühl für die Heiligkeit des Landes. Sie waren tief religiös, wenn auch nicht in einem kirchlichen oder orthodoxen Sinn. Sie betrachteten die Wildnis draußen, die überragende Schönheit gewisser landschaftlicher Strukturen in Amerika, als einen Ausdruck des Heiligen und setzten sich deshalb dafür ein, diese dem geschäftlichen Zugriff zu entziehen, indem sie zu Nationalparks erklärt wurden.

Für John Muir waren landschaftlich herausragende Räume Orte der Heilung, der Erneuerung und des Gebetes. Wie sein Landsmann Henry David Thoreau (1817-1862) dachte er nicht theozentrisch oder anthropozentrisch, sondern kosmozentrisch. Er formulierte:

> In Gottes Wildnis liegt die Hoffnung der Welt.

In diesem Gedanken wird die Zusammengehörigkeit der Begriffe *heil*, *heilig* und *heilend* sichtbar. So wie diese Begriffe der sprachlichen Form nach miteinander verbunden sind, so sind sie auch inhaltlich-bedeutungsmäßig verwandt. Heil ist das, was ganz und nicht zerbrochen ist; heilen bedeutet dann: wieder ganz machen. Doch nur das, was ganz ist, kann man auch ganz machen. Darin besteht die heilende Kraft einer heilen, einer ganzheitlichen Natur. Tatsächlich wissen wir um die beseligenden und heilenden Erlebnisse einer ganzheitlichen Naturerfahrung. Da, wo sich der Mensch den Kräften der Natur tief verbunden weiß; wo er sich als eingebunden in eine überragende Ganzheit erfährt; wo er sich in mystischer Vereinigung mit dem Ganzen identifizieren kann – da wird für ihn Sinnhaftigkeit existentiell erlebbar. Dieses Erlebnis hat heilende Kraft.

Und auch heilig ist das, was ganz ist, was heil ist. Nicht das ganz andere ist heilig, sondern das Heile, das Ganze, das ganzheitlich miteinander Verbundene. Nach diesem sprachlichen Befund gibt es Heiliges und Heilendes dort, wo es Heiles, Ganzes, Unzerstörtes gibt. Aber es gilt wohl auch das Umgekehrte: Nämlich, daß eine un-heilige Welt eine un-heile Welt ist und damit auch eine nicht mehr heilende Welt. – So jedenfalls empfanden es John Muir und seine Mitarbeiter, als sie Regionen heiler Natur als heilige und als heilende Orte dem Zugriff menschlichen Gewinnstrebens entzogen.

Zugleich erkennen wir in dieser Haltung unschwer den Einfluß indianischer Naturvorstellungen. Tatsächlich waren sowohl John Muir als auch Henry David Thoreau mit Indianern und indianischer Kosmologie vertraut. Zugleich erkannten sie, zu welcher Zerstörung von Natur der abendländische Kommerzialismus führte. So setzten sie sich für den Schutz hervorragender landschaftlicher Örtlichkeiten ein. Dabei begegneten sie indianischem Denken auch insofern, als viele der so geschaffenen Nationalparks aufgrund ihrer besonderen landschaftlichen Struktur auch bei Indianervölkern als hervorgehobene heilige Orte galten. So ist etwa der Grand Canyon in Arizona nicht nur ein überwältigendes Naturerlebnis für den Besucher, sondern auch der Ort, an dem die Hopi-Indianer, nach ihrer eigenen mythischen Vorstellung, als Volk das Licht dieser Welt erblickt haben. So trifft sich hier die (kausale) Heiligung eines Ortes durch Indianer mit der (teleologischen) Heiligung durch moderne Umweltschützer.

An dieser Stelle schließt also diese letzte abendländische Entwicklung wieder an indianische Vorstellungen an. Dasselbe läßt sich auch von der ökologischen Bewegung und den Bemühungen um Umweltschutz in unseren Tagen sagen. Nicht zufällig werden Indianer immer wieder als Schutzheilige dieser Anliegen apostrophiert. Natürlich haben sich auch Indianer keineswegs immer ökologisch vorbildlich verhalten – manchmal ganz im Gegenteil – und der Begriff Umweltschutz ist für sie nicht einmal nachzuvollziehen. Vielmehr bringt der Begriff Mitwelt stärker den indianischen Gedanken zum Ausdruck, daß alle Teile des Universums von einer geistigen Kraft durchflutet sind und in einer engen Korrelation zueinander stehen. Und dieser Gedanke fördert dann ein Verhalten gegenüber der Welt, das in der Regel umweltschonend wirkt, auch wenn es nicht mit unserem Verständnis von Ökologie begründet wird.

Selbst der Sinn für das Heilige, der Gedanke der Heiligkeit allen Seins, scheint sich bei ausgeprägt umweltbewußten Menschen unserer Gegenwart, bei Vertretern der Ökologiebewegung oder auch bei der Friedensbewegung durchaus wieder stärker durchzusetzen. Somit sieht es so aus, als wenn in unseren Tagen der dualistische Prozeß der Ent-Heiligung der Welt, welcher seit über zweitausend Jahren das Abendland bestimmt hat, in den Köpfen einiger Menschen einer neuen Heiligung, einer Re-Sakralisierung, einer Wieder-Verzauberung der Welt Platz machte. Wir sollten uns bewußt bleiben, daß wir uns damit wieder vor-abendländischen und damit auch überlieferten indianischen Konzepten nähern, für die jeder Ort, wo Menschen leben, wo sie die Gaben der Erde nutzen und wo sie ihre Toten begraben, heiliger Ort ist.

Und wenn es auch für viele von uns schwierig ist, den Gedanken des spirituellen und geistdurchwirkten Charakters aller Welt nachzuvollziehen, so ist doch in den letzten Jahrzehnten das Bewußtsein bei uns außerordentlich gewachsen, daß der Mensch in einer intensiven Interrelation zur kosmischen Wirklichkeit steht und daß er zu seinem Wohle und zu seinem Wehe selbst in dieses Beziehungsgefüge eingebunden ist. Mit den Worten eines modernen Philosophen (Hans Jonas, 1988):

> Materie ist Subjektivität von Anfang an – in der Latenz.

Mit den Worten der Pueblo-Sioux-Indianerin Paula Gunn Allen:

Das wesenhafte Verständnis von der Einheit aller Dinge fließt wie ein klarer Strom durch die Lieder und Geschichten von Indianern. Dieses Verständnis hat in den folgenden Worten eines alten Mannes vor langer Zeit Gestalt angenommen:

> Es gibt Vögel vieler Farben
> – rot, blau, grün, gelb –
> doch es ist alles ein Vogel.
> Es gibt Pferde vieler Farben
> – braun, schwarz, gelb, weiß –
> doch es ist alles ein Pferd.
> So auch bei den Rindern,
> so bei allen lebenden Dingen –
> Tiere, Blumen, Bäume.
> So auch bei den Menschen:
> In diesem Land,
>   wo einst nur Indianer lebten,
> gibt es nun Menschen jeder Farbe
> – weiß, schwarz, gelb, rot –
> doch sie sind alle ein Volk.
> Daß dieses so kommen sollte,
> war beschlossen im Herzen
>   des Großen Geheimnisses.
> Es ist deshalb richtig so.
> Und überall soll Friede sein.

14. Die Weisheit des Raumes: Heimat

>»Heimat, das ist kein geographischer Vorgang, sondern ein religiöser Zustand.« *Hubert Weinzierl*

Erinnern wir uns noch einmal der Notiz über den Straßenbau in Kalifornien: Der Oberste Gerichtshof in Washington hat dort den Bau einer Straße genehmigt, die ein Gebiet zerstört, welches einigen Indianerstämmen für ihre Religionsausübung wichtig und heilig ist. Vergleichen wir damit das Motto dieses Kapitels, so erkennen wir: Das Heimatverständnis eines am Umweltschutz hochinteressierten Mitteleuropäers (Hubert Weinzierl) steht offensichtlich dem Heimatverständnis der Indianer Kaliforniens näher als dem der (weißen) Richter am Obersten Gerichtshof in Washington. Sonst wäre ihre Entscheidung wohl anders ausgefallen. Denn wenn es stimmt, daß Heimat ein religiöser Zustand ist, so bedeutet auch umgekehrt die Zerstörung einer Religion, zumal einer Naturreligion, eine Zerstörung von Heimat.

Sicherlich ist Heimat *auch* ein geographischer Vorgang – ebenso wie ein sozialer. Haus, Dorf, Landschaft gehören ebenso dazu wie Familie, Nachbarn, Freunde. Aber mit diesen Dimensionen ist der Begriff Heimat offensichtlich weder bei Indianern noch bei Umweltschützern unserer Tage hinreichend ausgemessen. Er umgreift vielmehr auch das, was man als religiöse Beziehung zum Raum bezeichnen kann: Ort der Geburt; Gräber der Vorfahren; heilige Plätze des Landes, wo man wohnt; – das ganze Universum.

Diese religiöse Dimension des Heimatbegriffes ist bei Indianern traditionell immer viel intensiver gewesen als bei den

Menschen unserer Kultur. So galt das Haus einer Familie bei vielen Stämmen als heiliger Ort und als eine Nachbildung des kosmischen Hauses (der Himmelskuppel, der Erde, der vier Himmelsrichtungen). Die kleinste Hütte wurde so zu einer Verkörperung der ganzen Welt. Arm oder reich: An dieser Stelle war für diese Menschen das ganze Universum gegenwärtig.

In ähnlicher Weise kennzeichnet der schon genannte Häuptling Seattle in der Urfassung seiner berühmten Rede von 1854/1887 den Unterschied zwischen Weißen und Indianern folgendermaßen:

»Es gibt wenig Gemeinsames zwischen uns. Die Asche unserer Vorfahren ist heilig, und ihre letzte Ruhestätte ist geweihter Boden, während ihr euch von den Gräbern eurer Väter anscheinend ohne Trauer entfernt ... Eure Toten hören auf, euch und den Ort ihrer Geburt zu lieben, sobald sie die Pforte des Grabes passiert haben. Sie wandeln weit entfernt, jenseits der Sterne, sind bald vergessen und kehren niemals zurück. – Unsere Toten vergessen niemals die wunderschöne Welt, die ihnen Leben gab. Immer noch lieben sie die gewundenen Flüsse, die großartigen Berge und die einsamen Täler; und immer empfinden sie die zärtlichste Zuneigung zu denen, die mit einsamen Herzen leben, und sie kehren oft zurück, um diese zu besuchen und zu trösten ... Jeder Teil dieses Landes ist meinem Volke heilig. Jeder Hang, jedes Tal, jede Ebene und jedes Gehölz ist geheiligt durch eine zärtliche Erinnerung oder eine traurige Erfahrung meines Stammes. Sogar die scheinbar stumm in der Sonne brütenden Felsen der Küste in ihrer feierlichen Größe sind getränkt von Erinnerungen an vergangene Ereignisse, die mit dem Schicksal meines Volkes verbunden waren. Und selbst der Staub unter unseren Füßen antwortet liebevoller auf unsere Schritte als auf eure; denn er ist die Asche unserer Vorfahren, und unsere nackten Füße sind sich der wohlwollenden Berührung bewußt, da der

Boden reich ist durch das Leben unserer Familien.« (R. und M. Kaiser, Diese Erde ist uns heilig, S. 62-66)

Ganz offensichtlich spricht aus diesen Worten ein Geist, der unserer geistigen und religiösen Tradition fremd ist. Es ist der Geist einer persönlichen affektiven Beziehung zur Erde; der Geist, der die Erde als mitgeschöpflich erfährt und sich ihr in Ganzheitlichkeit verbunden und zugetan weiß. Mensch und Erde sind nicht voneinander getrennt durch einen dualistischen Schnitt, durch einen Herrschaftsauftrag an den Menschen über die Erde. Vielmehr werden von Seattle die Familien und auch die Vorfahren in ein ganzheitliches Bewußtsein der Zusammengehörigkeit mit der Erde eingewoben. Deshalb spricht aus diesen Worten Geborgenheit und Beheimatetsein des Menschen in dieser Welt. Hier lebt der Gedanke einer Art Bruderschaft aller Kreaturen, wie er auch dem Heiligen Franziskus von Assisi gegenwärtig war, wenn er sagte: »Unsere Schwester, Mutter Erde, welche uns erhält und pflegt.« – Ähnlich wie Seattle haben sich auch zahlreiche andere indianische Sprecher geäußert.

Angesichts eines solchen Textes müssen wir Abendländer uns die Frage stellen: Kann ein Weltbild wie das unsere, das eine strenge Trennung zwischen Geistigem und Materiellem vollzieht und das diese Welt somit einem eindeutigen Prozeß der Entheiligung unterzogen hat – kann ein solches Weltbild den Menschen in dieser Welt überhaupt noch Heimat finden lassen? Ist für den Menschen Beheimatung dort möglich, wo ein ehemals geistdurchwebtes Gefüge entkleidet worden ist bis auf das Skelett des Materiellen und Mechanischen? Kann der Mensch Heimat finden in einer Welt, in die er sich nicht eingefügt versteht? Kann etwas Heimat sein, das der Mensch sich im göttlichen Auftrag unterwerfen soll? Ist dieser kosmische Imperialismus, der das Abendland seit dem Unterwerfungsauftrag kennzeichnet, eine mögliche Basis für ein Zuhausesein, für ein

Beheimatetsein in dieser Welt? Und kann sich der Mensch in einer Welt zu Hause fühlen, die in seinen heiligen Texten wiederholt als Widerspruch zu Gott und manchmal als Herrschaftsbereich des Teufels gedeutet wird?

Es entspricht einem solchen Weltbild wohl eher, diese von Gott und vom Menschen getrennte und unterworfene Welt letztlich als etwas Unwirtliches zu verstehen, als ein Jammertal, das zu überwinden ist in dem Bewußtsein, daß unsere wahre Heimat anderswo, nämlich in einem besseren Jenseits, liegt. Provoziert also das abendländische Weltbild nicht geradezu das Gefühl von Un-Behaustsein und Un-Beheimatetsein auf dieser Erde?

Die Frage ist dann nicht nur: *Kann* der Mensch in einer Welt zu Hause sein, die er zuvor ihrer Ganzheitlichkeit beraubt hat – sondern: *soll* er sich im Verständnis der vorherrschenden Weltanschauung in dieser Welt überhaupt beheimatet fühlen? Oder soll er nicht vielmehr immer wieder über sie hinaus nach dem Eigentlichen und Wirklichen streben? Wieviel an Geborgenheit hat der Mensch dadurch eingebüßt, daß die Erde für ihn nicht mehr Mutter – wenn auch mitunter eine gestrenge und manchmal eine brutale Mutter – sein konnte? Ist dieser Verlust an Geborgenheit tatsächlich »mehr als aufgehoben« (H. Kirchhoff, Sympathie für die Kreatur; München 1987, S. 44) dadurch, daß der Mensch Geborgenheit in einem transzendenten Gott gefunden hat? Kann das Bild des weltfernen (männlichen) Gottes die gleiche Geborgenheit (»wie das Kind im Mutterschoß«) bieten wie das Bild der allumfassenden Weltmutter? Und wie sieht es mit der Geborgenheit und mit dem Beheimatetsein derjenigen Menschen aus, denen dieser transzendente Gott verlorengeht? Was bleibt ihnen außer einer entzauberten, einer profanen, einer unterworfenen und entfremdeten Welt?

Nur wenn der Begriff der Heimat ausgeweitet wird über Familie, Haus, Dorf, Stadtteil, Stadt, Landschaft, Land, Kontinent bis hin zu den umfassenden Begriffen Erde, Kosmos, Universum, Schöpfung – nur dann kann der Mensch auf dieser Erde wirklich zu Hause sein. Nur wenn ein lebenspendender Atem alles Seiende durchdringt und es in kosmischer Solidarität zu einer Weltfamilie zusammenbindet – nur dann kann man mit Black Hawk sagen: »Ich trinke niemals von einer Quelle, ohne mir Seiner Güte bewußt zu sein.«

Wenn so der Begriff der Heimat mit dem der Schöpfung verbunden wird, dann bedeutet Heimat auch Beziehung des Menschen zu – und Solidarität mit – der Schöpfung. Dieses bedeutet dann, daß jede Form von Bewahrung der Schöpfung zugleich Sicherung der Heimat des Menschen ist. Dabei mag das *Handeln* von Menschen sehr regional auf ihre engere Umwelt – ihre Heimat im engeren Sinne – bezogen sein. Ihr *Denken* aber muß stets auf die ganze Natur, ja auf die ganze Schöpfung hin orientiert sein, gemäß dem Spruch: »Global denken – regional handeln«. Denn nur wenn der Mensch die Schöpfung als ganze bejaht; wenn sie ihm nicht eine gefallene, sondern eine gotterfüllte, eine mächtige und eine heilige ist: nur dann kann der Mensch in ihr eine Quelle von Kraft und Geborgenheit, »etwas Einmaliges, etwas Heiliges«, den »Spielplatz seiner Seele« (H. Weinzierl) finden.

Dann kann er sagen: »Meine Heimat ist der Himmel über mir und die Erde unter meinen Füßen.« (Margarete K.)

Die erläuterte globale Ausweitung des Heimatbegriffes ist natürlich verwandt mit dem ganzheitlichen indianischen Denken und kommt in folgendem Spruch der Creek-Indianerin Joy Harjo (geboren 1951) zum Ausdruck:

Denk daran,
    daß Du alle Menschen bist,
und
    daß alle Menschen Du sind.

Denk daran,
    daß du dieses Universum bist,
und
    daß dieses Universum Du ist.

Denk daran,
    daß alles in Bewegung ist,
    wächst,
    Du ist.

Der Indianer Gogiski (Tarrole Arnett, geb. 1927) stellt provozierend gegeneinander: Angst auf seiten der Weißen – Achtung auf seiten von Indianern. Dabei gilt, wie wir schon früher sahen, diese Haltung der Achtung und Ehrfurcht nach überliefertem indianischem Verständnis nicht nur gegenüber den Menschen oder gegenüber Gott, sondern grundsätzlich – und im Idealfall – gegenüber allem Seienden – und vor allem auch gegenüber dem Ort, wo man lebt. Wo sie noch lebt, wird Achtung/Ehrfurcht damit zu einem Zentralbegriff indianischen Weltverhaltens und zu einem echten Gegenbegriff der Angst und Wurzellosigkeit (im indianischen Verständnis von Weißen).

Dieser Gegensatz läßt sich erklären: Achtung und Ehrfurcht sind Ausdruck der Überzeugung, daß alles Seiende von göttlichem Geist durchflutet ist; daß der Mensch selbst in diesen geistdurchwirkten Zusammenhang eingebunden ist; und daß die alles durchströmende Energie einen Einklang zwischen den Menschen und der Welt möglich – und so diese Welt zum Haus des Menschen – macht. Diese Haltung wächst also aus einer ganzheitlichen Weltansicht.

Angst und imperiale Motivation sind dagegen eine mögliche Reaktion auf die Erfahrung des Fremdseins und der Wurzellosigkeit in dieser Welt. Zwar kann die Entheiligung der Welt zunächst zu einer Befreiung von äußerer Angst (z. B. vor Dämonen) führen. Doch die Entheiligung führt auch zur Ungeborgenheit und Heimatlosigkeit in dieser Welt. Und aus dieser Ungeborgenheit entstehen neue innere Ängste. Weltunterwerfung ist dann ein Versuch, mit dieser inneren Angst fertigzuwerden.

So wie Israel (nach dem Talmud) unter keinem Stern steht, sondern unter Gott allein – so verzichtet auch der Seher Johannes, in der Geheimen Offenbarung (21, 10-23) des Neuen Testamentes, bei der Beschreibung des Ewigen Jerusalem, bereitwillig auf die Zeichen der Natur, die uns Vertrauen und Geborgenheit bieten könnten. Statt dessen schafft er eine extrem naturferne, artifizielle Welt:

»… Die heilige Stadt Jerusalem, wie sie von Gott her aus dem Himmel herab kam … Ihre Leuchte ist gleich dem kostbarsten Edelstein, wie ein kristallheller Jaspis … Und ihre Mauer ist aus Jaspis gebaut, und die Stadt ist reines Gold gleich reinem Glas. Die Grundsteine der Mauer der Stadt sind aus Edelsteinen jeder Art köstlich bereitet; … und die Stadt bedarf nicht der Sonne noch des Mondes, daß sie ihr scheinen; denn der Lichtglanz Gottes erleuchtet sie, …«

Diese Gegenwelt zur Natur bedeutet eine Abwertung und Preisgabe des Natürlichen. Während zahllose Völker und Kulturen Sonne und Mond als Zeichen der Herrlichkeit Gottes verstanden haben, wird in dieser Kunstwelt die Herrlichkeit Gottes als Gegensatz zu Sonne und Mond verstanden. Wer möchte in einer solchen Welt leben? Wo bleibt die Poesie des Windes, des Wassers, des Grases, der Wolken? Wieviel naturnäher, lebensnäher und lebenswerter erscheint da doch die von uns so oft belächelte (indianische) Paradiesvorstellung von den »ewigen Jagdgründen«!

Hinter der indianischen Auffassung von dem Belebtsein und dem Beseeltsein aller Dinge steht offensichtlich eine bestimmte Form des sogenannten Animismus. Trotz einer vielhundertjährigen und bis heute andauernden Verachtung dieser Auffassungen stellt der Animismus doch ein Verständnis der Welt dar, das ebensowenig widerlegbar ist wie unsere wissenschaftliche Weltansicht. Die Wirklichkeit antwortet eben immer auf diejenigen Fragen, die wir ihr stellen. Stellen wir wissenschaftliche Fragen, bekommen wir wissenschaftliche Antworten. Stellen Naturvölker animistische Fragen, bekommen sie animistische Antworten. Nicht nur für eine animistische, auch für unsere wissenschaftliche Weltanschauung gilt der von dem Physiker Niels Bohr formulierte Begriff der Komplementarität. Für beide gilt auch, daß keine von ihnen eine nachweisbar an sich richtige Weltdeutung liefert. Vielmehr gilt, was der Kieler Philosoph Kurt Hübner (in einem Radiovortrag am 7.9.1986) festgestellt hat:

»Die Wissenschaft ... ist mit all ihren nur historisch zu begreifenden apriorischen ... Voraussetzungen nur eine unter anderen denkbaren Möglichkeiten der Wirklichkeitsbewältigung und Weltdeutung. Sie stellt nicht die objektive Erkenntnis an sich dar und bietet auch nicht den alleinigen Zugang zur Wahrheit.«

Entscheidend ist deshalb nicht, ob die wissenschaftliche oder die animistische Weltansicht die richtigere ist. Diese Frage läßt sich ohnehin nicht objektiv beantworten, da es keinen dritten, übergeordneten Schiedsrichterstandpunkt geben kann. Entscheidend ist vielmehr, was jede dieser Weltansichten dem Menschen und seinem Leben bietet bzw. antut. Der Dualismus des Abendlandes hat die Wissenschaften, die Technik und alle die Errungenschaften unserer technischen Zivilisation möglich gemacht – einschließlich der existentiellen Gefährdung, die diese heute mit sich bringen. Der Einsatz war die Entfremdung des Menschen, der Verlust der Beheimatung in einer früher einmal ganzheitlichen Welt. Der Gewinn dieser Weltansicht besteht also in der Herrschaft des Menschen *über* die Welt – sein Preis im Verlust des Beheimatetseins des Menschen *in* der Welt.

Eine animistische Weltanschauung wird mit der Welt und ihren Dingen nie so objektivierend und herrschaftlich umgehen können. Denn sie hat es ja überall mit leib-seelischen Ganzheiten, niemals nur mit toten, entmachteten Dingen, mit seelenloser Materie zu tun. Aus diesem Weltbild kann sich darum kaum ein kosmischer Imperialismus entwickeln, die menschliche Herrschaft über die Welt mit all den erstaunlichen und all den gefährlichen Konsequenzen. Dafür wird sich der dem Animismus zuneigende Mensch den Dingen und der Welt näher und bei ihnen mehr zu Hause wissen. Denn eine allseits *be*seelte Welt kann dem Menschen sicherlich eher Heimat sein als eine allseits *ent*seelte Welt.

Der Vorgang des Verlustes von Geborgenheit und Beheimatung in dieser Welt läßt sich an dem (oben schon genannten) Fällen der Donar-Eiche durch den heiligen Bonifatius im Lande der Germanen nachempfinden. Die umherstehenden, den Vorgang beobachtenden und eine zornige Antwort ihres Gottes erwartenden Germanen müssen in diesem Augenblick extrem konzentriert diejenige Erfahrung gemacht haben, die sich vorher und vor allem nachher an tausend anderen Stellen der Welt vielfach wiederholt hat: daß nämlich die Welt plötzlich eine Welt ohne Götter und ohne Geister war; daß plötzlich alle Dinge tot waren; daß durch einen momentanen Akt der Entzauberung plötzlich die Mächtigkeit, die spirituelle Potenz aller Dinge dieser Welt gleichsam abgesogen wurde; und daß danach nur noch eine leere, entseelte, entsakralisierte, eine stumme und tote Welt zurückblieb. Es ist gut vorstellbar, daß diese Germanen in diesem Augenblick eine Erschütterung unbeschreiblichen Ausmaßes erlebten und daß für sie – von einer Minute zur anderen – aus einer Welt, die

Geborgenheit und Beheimatung ermöglichte, eine entfremdete Welt wurde.

Daß manche von ihnen diesen Vorgang auch als Befreiung empfunden haben, ist ebenfalls vorstellbar. Jetzt gab es keine Tabus mehr, die sie hinderten, mit den Dingen dieser Welt so ungeniert umzugehen, wie es ihnen behagte – und wie es ihnen der heilige Bonifatius vorgemacht hatte. Freiheit und Geborgenheit sind nun einmal konträr angesiedelte Konzepte. Man kann sie nicht in einem Schritt beide gewinnen. Oft genug entzieht sich das eine in dem Maße, in dem das andere wächst. Der abendländische Dualismus und die mit ihm einhergehende Entsakralisierung der Welt hat eine vorher unvorstellbare Freiheit des Menschen gegenüber der Welt und im Umgang mit ihr gebracht. Mit toten Dingen läßt sich nun einmal freier hantieren als mit belebten. Doch diese Freiheit gegenüber der Welt ist nur möglich auf Kosten einer Entfremdung des Menschen von der Welt und damit auf Kosten der Erfahrung von Geborgenheit und Zuhausesein in der Welt.

Der Begriff der Entfremdung, den Marx auf die wirtschaftliche und individuelle Situation seiner Zeit anwendet, läßt sich in einem sehr viel weiteren philosophischen Sinn als Kennzeichnung der Situation des Menschen nach der Entsakralisierung der Welt gebrauchen: Der Mensch, zu dem die Dinge der Welt nicht mehr sprechen, für den sie also stumm geworden sind, fühlt sich entfremdet, eben wie ein Fremder in dieser Welt, ist hier nicht mehr zu Hause. Er muß nach einer anderen Heimat Ausschau halten: Für Marx ist das die klassenlose Gesellschaft der Zukunft; für den Christen ist es die Sehnsucht aus dem irdischen Jammertal zur ewigen Heimat hin, wie sie in zahllosen Gebeten und Kirchenliedern zum Ausdruck kommt. – Für beide ist es das Warten auf eine »neue Erde« und einen »neuen Himmel«.

Für den Menschen einer ganzheitlichen Weltansicht ist dagegen Gott immer schon (und immer noch) auf Erden. Für ihn ist das Alltägliche zugleich das Erhabene, und das Erhabene ist alltäglich. Es gilt nicht der Widerspruch, sondern die Balance. – In diesem Sinne kann man auch die Menschwerdung Gottes und die Aussendung des Geistes im Neuen Testament als eine Art Gegenbewegung zur Schaffung eines rein transzendenten Gottes im Alten Testament verstehen. Denn in der Inkarnation vollzieht sich die Versöhnung von Himmel und Erde, die Vereinigung von Gott und Welt, die Verbindung von Diesseits und Jenseits.

Die Beheimatung des Menschen in einem lebenden Kosmos kommt beispielhaft zum Ausdruck in dem Navajo-Gebet »House Made of Dawn«, das im vorhergehenden Kapitel vorgestellt ist. Dieses Gebet spricht klar den Gedanken aus, daß diese Welt das Haus des Menschen ist, daß er also hier zu Hause ist. Auch der Navajo-Begriff »hózhó« bringt den gleichen Gedanken zum Ausdruck, denn er bezeichnet die umfassende Harmonie im Menschen, in der Welt, zwischen den einzelnen Menschen und zwischen den Menschen und der Welt. Damit bezeichnet dieser Begriff alles, was auch Heimat ausmacht: Gesundheit, Wohlbefinden, Geborgenheit, Ausgewogenheit, Harmonie, Friede.

In einem Gebet der Yokut-Indianer (R. Kaiser, Gesang des Regenbogens – Indianische Gebete; S. 62) heißt es:

> Meine Worte sind verwoben
> > mit den hohen Bergen,
> > mit dem hohen Felsen,
> > mit den hohen Bäumen,
> verwoben mit meinem Körper
> > und mit meinem Herzen.
> Helft mir alle mit übernatürlicher Kraft
> > und du, Tag,
> > und du, Nacht:
> > Seht mich alle,
> > > ICH BIN EINS MIT DIESER WELT.

In ähnlicher Weise bringt ein Hopi-Gebet (Indianische Gebete, S. 70) diesen Gedanken zum Ausdruck:

> Ich bin ein Stein
>> Leben sah ich und Tod
>> Fühlte Glück und Gram und Kummer
>> Ich lebe das Leben des Felsen.
>
> Ich bin ein Teil der Erdmutter
>> Ich fühlte ihr Herz schlagen an meinem
>> Ich fühlte ihren Schmerz
>> Ich fühlte ihr Glück
> Ich lebe das Leben des Felsen.
>
> Ich bin ein Teil unseres Vaters
>> Des großen Geheimnisses
>> Ich habe seine Trauer gespürt
>> Ich habe seine Weisheit gespürt
>> Ich habe seine Geschöpfe gesehen
>> Die Geschwister mir sind
>> Die Tiere
>> Die Vögel
>> Die flüsternden Wasser und Winde
>> Die Bäume und alles auf Erden
>> Und jegliches Ding im All.

Selbst im dualistisch orientierten Abendland ist der Weg hinaus in die Natur für pflastergeplagte Großstädter immer eine Rückkehr zu heilenden und bergenden Ursprüngen gewesen. Auch vor unserer hochtechnisierten Zeit wurde das so empfunden, etwa in der Romantik, in der Jugendbewegung, in allen Bewegungen »zurück zur Natur«. Heute, angesichts sterbender Wälder, sterbender Meere, vergifteter Flüsse – also angesichts einer tiefgreifenden Störung in der Balance zwischen Mensch und Natur und innerhalb der Natur selbst – tut sich die Frage auf, ob Erde, Natur und kosmische Räume ihre heilende Aufgabe für den Menschen überhaupt noch wahrnehmen können; wie lange sie es noch können; und wie der Mensch aussehen wird, der ohne diese Möglichkeit eines Rückzuges zu heilenden Kräften leben muß.

Ein Deutscher unserer Tage, Friedrich Abel, der die Nähe zu dem kosmischen Heimatempfinden von Indianern gesucht und längere Zeit in einem Navajo-Hogan in Arizona gelebt hat, schreibt von seinen Erfahrungen dort:

»… streckte ich mich auf dem Boden aus und spürte eine satte Zufriedenheit und ein lustvolles Gefühl von Kraft und Geborgenheit … ich … streichelte die Erde. … ich betrachtete den Staub auf den Schuhen und den Sand, der am Rucksack klebte – und es war mir auf eine seltsame Weise wohl dabei. Wie köstlich die Erde war! Und welch beglückendes Haus der Himmel! Ich fühlte mich zu Hause … Das Gefühl eines Ganz-nahe-Seins durchzog mich … Ich fühlte mich angenommen von den Dingen um mich herum…« (F. Abel: Vater Himmel, Mutter Erde; Freiburg 1986, S. 15 f.)

Und die Dakotas in Süd-Dakota beten heute noch: »O Mutter Erde, von der wir unsere Nahrung erhalten, du bist um unser Gedeihen besorgt, wie unsere leiblichen Mütter es sind: Jeden Schritt, den wir auf dir tun, sollten wir in heiliger Weise tun. Jeder Schritt sollte ein Gebet sein. Lauscht der Luft, meine Brüder. Ihr könnt sie hören, fühlen, riechen, schmecken … Meine Brüder, laßt uns nicht *über* die heilige Luft sprechen, sondern *zu* ihr. Sie ist unsere Verwandte.« (S. 16 f.)

Bei den Hopi-Indianern heißen wichtige Erziehungsprinzipien bei der Erziehung der Kinder:

»Werde heimisch in der Welt, indem du dich in die Rhythmen der Natur einfühlst und mit ihnen mitgehst … Ein Kind stolpert und stürzt: Die Mutter tröstet es, glättet aber auch die Schramme im Erdboden, wo das Kind hingefallen ist.« (S. 22)

Ich selbst habe es erlebt, daß ein neunjähriges Hopi-Mädchen, von dem ich einige Fotos machte, mit dem Finger auf das Stück eines Regenbogens am Himmel wies und dazu sagte, das sei doch ein viel interessanteres Objekt für meine Bilder als sie selber. Tatsächlich zeichnen Kinder auf der Hopi-Reservation im Kunstunterricht der Schulen »nichts lieber als Himmel und Erde ... der Himmel, ein Hügel, das weite Land, eine Mesa – das sind die Dinge, die indianische Kinder inspirieren.« (S. 23) Das ist es wohl, was indianisches Weltempfinden auszeichnet: Auch das Alltägliche nicht als etwas Selbstverständliches nehmen, sondern den Sinn für das Wunderbare im Gewöhnlichen bewahren.

Bei Heilungszeremonien der Navajo geht es immer wieder darum, die Patienten an ihre begrenzte Rolle im Gesamtgefüge der Natur zu erinnern. Dabei spielt (nach Friedrich Abel) auch der Begriff der Heimat eine wichtige Rolle:

»Es ist schön, diese Sicherheit zu empfinden. Das bin ich im Verhältnis zu allem anderen. Und man mag es dann nicht mehr missen, dieses Gefühl innerer Sicherheit und Stabilität ... wenn man sich hin und wieder heimisch macht zwischen Himmel und Erde.« (S. 23)

»Herangehen an die Dinge der Natur, Nähe suchen und verweilen. Sonst öffnet sich nichts ... Man muß die äußere Landschaft – Himmel und Erde – mit seiner inneren Landschaft von Geist und Seele in Berührung bringen, dann wird man ein anderer. Man fühlt sich in Harmonie mit der Welt und wie neugeboren. Man fühlt sich zu Hause, wirklich zu Hause im Universum. Man weiß es nicht nur, man spürt es auch im Körper und in der Seele, daß man dazugehört.« (S. 25)

Diese Gedanken kommen auch in folgendem Navajo-Lied zum Ausdruck, das die Identität von menschlichem Körper und Kosmos gestaltet und das zugleich eine Interpretation des oben erläuterten Navajo-Begriffes »hózhó« darstellt:

Die Füße der Erde sind meine Füße geworden,
    durch sie werde ich fortleben.
Die Beine der Erde sind meine Beine geworden,
    durch sie werde ich fortleben.
Der Körper der Erde ist mein Körper geworden,
    durch ihn werde ich fortleben.
Das Herz der Erde ist mein Herz geworden,
    durch es werde ich fortleben.
Die Stimme der Erde ist meine Stimme geworden,
    durch sie werde ich fortleben.
Die Wolkenfedern der Erde sind
  meine Wolkenfedern geworden,
    durch sie werde ich fortleben.
Berge umringen die Erde
    und Harmonie erstreckt sich über ihre Abhänge.

Durch sie wird Harmonie über meinem Leben sein.

Vor mir wird Harmonie sein, da ich fortlebe.
Hinter mir wird Harmonie sein, da ich fortlebe.
Unter mir wird Harmonie sein, da ich fortlebe.
Über mir wird Harmonie sein, da ich fortlebe.
    Harmonie ist wiederhergestellt worden.

Von der Relation der Hopi-Indianer zum Boden spricht auch ihre Sitte, beim Bauen eines Hauses an den Ecken des Grundrisses sowohl Gebetsstäbchen wie auch Stückchen von Kaktuspflanzen zu vergraben. Diese sollen dem Haus »Wurzeln« geben.

Es erscheint wie eine Ironie des Schicksals, daß diejenigen Menschen, für die der Raum, in dem sie lebten, heilige und heilende Qualität hatte, und für die er Heimat im eigentlichen Sinne bedeutete – daß ausgerechnet diese Menschen weitgehend aus diesem ihrem Heimatraum vertrieben und radikal entwurzelt wurden. Dieses gilt zwar nicht für die Hopi, die auch heute noch in den von ihnen vor fast tausend Jahren ausgewählten Siedlungsgebieten leben. Aber es gilt für sehr viele andere Indianervölker. So ging die »Weisheit des Raumes«, die sie besaßen, weitgehend verloren. – Aber es entbehrt wohl nicht einer gewissen Logik, daß diese Vertreibung durch diejenigen Menschen erfolgte, die aufgrund ihrer dualistischen und imperialistischen Weltansicht keine solche existentielle Verwurzelung im Boden, keine solche religiöse Beheimatung im Lande kannten.

*

Doch welche Folgerungen können wir heute und für unsere Zeit aus unserer Begegnung mit dieser indianischen Haltung für unsere eigene Lebenspraxis ziehen? Ich bekenne gern, daß meine Begegnung mit indianischem Weltverständnis und Weltverhältnis meine eigene Beziehung zur Welt tief beeinflußt hat. Für mich haben sich dadurch Horizonte eröffnet, die bis dahin weitgehend verschlossen waren. Es ist mir nicht mehr möglich zu denken, daß diese Welt nur für uns Menschen geschaffen wurde; daß sie ihren Sinn und Zweck erst und nur durch uns Menschen erhält; daß sie in bezug auf uns Menschen nicht mehr als eine funktionale Bedeutung haben soll. – Welche (anthropozentrische) Arroganz des Menschen! – Es ist mir nicht mehr möglich, so unbedacht mit den Erscheinungen der Natur umzugehen wie vorher. Sie alle haben für mich vielmehr an Eigenrecht, an Eigenwert und eigener Würde außerordentlich gewonnen. Nach meiner Überzeugung tragen wir Menschen Verantwortung für unser Verhalten – nicht nur gegenüber den Mitmenschen, gegenüber uns selbst und gegenüber Gott, sondern auch gegenüber der Natur.

Dadurch ist es mir möglich geworden, mein Tun gegenüber der Welt partnerschaftlicher, ehrfürchtiger und mitgeschöpflicher zu gestalten. Selbst der zunächst fremde Gedanke, die Kategorie des Heiligen in das Verständnis der Welt wieder einzuführen, wird mir zunehmend vertrauter. Wir Abendländer werden nicht umhin können, zum ersten Male in unserer Geschichte eine Welt-Ethik zu entwickeln. Wir können die (kosmologische) Grundbeziehung des Menschen zur Welt nicht länger aus unseren Wertsetzungen und ethischen Normen ausblenden, nur weil in den Zehn Geboten zwar von unserer Beziehung zu Gott, zu den Mitmenschen und zu uns selbst die Rede ist, nicht aber von unserer Beziehung zur Welt. Ob wir aber ohne die Kategorie des Heiligen eine Ethik für unser Verhalten gegenüber der Natur entwickeln können, die unseren technischen Kräften, unserer beängstigenden Macht, gewachsen ist, erscheint sehr fraglich.

Für mich persönlich ist auch die Erfahrung der Beheimatung in der Welt tiefer und intensiver geworden, seitdem mir die Möglichkeit einer ganzheitlichen Weltansicht zum Bewußtsein gekommen ist. Das Gefühl gegenseitiger Abhängigkeiten und Wechselbeziehungen zwischen Mensch und Welt ist gewachsen; ebenso das Wissen, daß jede unserer Taten eine unbegrenzte Wirkung auf die Gesamtheit der kosmischen Wirklichkeit ausübt. So ist es mir zur Gewißheit geworden, daß nur eine Haltung der Achtung und der Ehrfurcht gegenüber allen Bereichen einer ganzheitlichen Wirklichkeit dieser Wirklichkeit gerecht werden kann.

Daß bei solcher ganzheitlicher Zuwendung zu einer ganzheitlich verstandenen Welt nicht nur Angst zu verlieren, sondern auch Freude zu gewinnen ist, kann ein abschließendes Gedicht bezeugen. Es handelt sich um den »Freudengesang des Tsoai-Tallee« des (schon genannten) Kiowa-Indianers Scott Momaday. Dieser 1934 geborene indianische Dichter gehört zu den bekanntesten lebenden Autoren seiner Rasse und erhielt für seinen Roman »House Made of Dawn« 1969 den Pulitzer-Preis, den bedeutendsten amerikanischen Literaturpreis.

Im Sommer 1989 hat dieser Scott Momaday eine Vortragsreise durch die Bundesrepublik Deutschland unternommen.

Dabei sagte er am 14. Juni 1989 in einem Gespräch über diesen »Freudengesang«:

»Dieses ist in besonderer Weise mein persönliches Gedicht. Dieses Gedicht bin ich. Es trägt meinen indianischen Namen: Tsoai-Tallee = Felsenbaum-Junge. Es gibt keine anderen Wortfügungen, die zutreffender definieren, wer ich bin, als dieses Gedicht. – Früher gingen junge Indianer während der Pubertät oft auf Visionssuche (vision quest). Wenn sie Glück hatten, wurde ihnen dann ein Lied gegeben, das ihr ganz persönliches Eigentum war. So ist dieses *mein* Lied. Denn es wurde mir in einer Vision gegeben. Es ist mein Lied, und es bleibt mein Lied und gehört niemandem sonst!« – (Doch er erklärte sich mit Übersetzung und Abdruck des Gedichtes an dieser Stelle einverstanden.)

In diesem Gedicht gestaltet Momaday einen Hymnus auf die Identität von Mensch und Welt, von Geist und irdischer Erscheinung; er spricht von der Freude des Menschen, sich mit dem Ganzen eins zu fühlen; er schreibt von der Glückseligkeit der mystischen Schau; er bringt die Geborgenheit des Menschen in der Natur zum Ausdruck; er nennt die Erfahrung, daß Lebendigsein erlebt wird im Vollzug des Einsseins mit den schönen und erschütternden Phänomenen der Natur.

Ein solcher Mensch lebt in der Welt als ganzer – mit einer positiven Identifizierung zu all ihren frohen und bitteren Erscheinungen. Wegen dieser Identifizierung kommt bei diesem Menschen keine Angst vor der Welt auf. Dieser Mensch ist zu Hause in dieser Welt:

Freudengesang des Tsoai-Tallee

Ich bin eine Feder am hellen Himmel
Ich bin das blaue Pferd das über die Ebene jagt
Ich bin der Fisch der glänzt und sich
    im Wasser tummelt
Ich bin der Schatten der einem Kinde folgt
Ich bin das Abendlicht – die Wonne der Wiesen
Ich bin ein Adler der mit dem Winde spielt
Ich bin eine Traube aus strahlenden Tropfen
Ich bin der fernste Stern
Ich bin die Kühle des Morgens
Ich bin das Tosen des Regens
Ich bin das Glitzern auf dem verharschten Schnee
Ich bin die lange Spur des Mondes auf dem See
Ich bin eine Flamme aus vier Farben
Ich bin das Re
    dessen Bild sich im Dämmerlicht des Abends
    verliert
Ich bin der Winkel
    im Flug der Wildgänse am winterlichen Himmel
Ich bin der Hunger des jungen Wolfes
    Ich bin der umfassende Traum dieser Dinge

*

Verstehst du – ich lebe ich lebe
Ich stehe in guter Beziehung zur Erde
Ich stehe in guter Beziehung zu den Göttern
Ich stehe in guter Beziehung zu allem, was schön ist
Verstehst du – ich lebe

Ich lebe

Literaturempfehlungen

Ich möchte hier auf einige Bücher hinweisen, die dem einen oder anderen hier geäußerten Gedanken zugrundeliegen oder mit deren Hilfe der Leser diese Gedanken vertiefen kann. Die für mich selbst entscheidenden Gedankenführungen in den meisten Kapiteln dieses Buches bleiben allerdings das Ergebnis meiner Begegnung mit den Grundlagen der Kulturen nordamerikanischer Indianer und der dadurch hervorgerufenen Auseinandersetzung mit den Grundlagen unserer eigenen abendländischen Kultur.

Dabei weist der Dualismus griechischer Provenienz zunächst vor allem auf die Schriften Platons, der Dualismus biblischer Provenienz auf die Bücher des Alten und des Neuen Testamentes. Vor allem aus dem Alten Testament ergeben sich entscheidende Unterschiede zu anderen (nicht nur orientalischen) Religionen; und als tragender Grund für das abendländische Denken: 1. der theistisch-transzendente Gottesbegriff; 2. der Absolutheits- und Ausschließlichkeitsanspruch Gottes; 3. die Entmythologisierung und Profanisierung der Welt; 4. das Konzept einer linearen Zeit.

Darüber hinaus möchte ich auf folgende Bücher hinweisen:

Mircea Eliade: Das Heilige und das Profane, Hamburg 1957.
Eliade äußert sich in diesem Buch ausführlich zu Fragen nach der Heiligkeit der Welt und der Heiligkeit der Zeit in verschiedenen Religionen. Vor allem arbeitet er dabei auch die Rolle der mythischen Urzeit in Naturreligionen heraus. Dabei identifiziert er den religiösen Menschen weitgehend mit dem Anhänger einer Naturreligion, für den Zeit und Raum niemals etwas rein Natürliches sind.

Karl Löwith: Weltgeschichte und Heilsgeschehen, Stuttgart 1953.
Der Philosoph Karl Löwith setzt sich in diesem Buch mit den theologischen Voraussetzungen der Geschichtsphilosophie auseinander. Dabei unterscheidet er das zyklische griechische von dem linearen biblischen Geschichtsverständnis. Die Ursachen dieses biblisch-abendländischen Zeitbegriffs erkennt er im jüdischen Messianismus und der christlichen Eschatologie.

Jürgen Moltmann: Gott in der Schöpfung – Ökologische Schöpfungslehre, München 1985.
In diesem Buch versucht ein hierzulande bekannter Theologe, ein Defizit auszugleichen, das sich in der bisherigen christlichen Theologie herausgebildet hatte: Er versucht, aus dem Alten und dem Neuen Testament Texte und Gedanken in den Vordergrund zu stellen, die nicht das traditionelle dualistische Schöpfungsverständnis herausstellen, sondern die ein stärker ganzheitliches Verständnis ermöglichen. Dazu gehört sowohl die Menschwerdung Christi als auch die Aussendung des Geistes in diese Welt hinein.

Aus zahlreichen Büchern über die Kulturen nordamerikanischer Indianer habe ich die folgenden ausgewählt:

J. Donald Hughes: American Indian Ecology, El Paso, Texas 1983.
Der Autor dieses Buches ist Historiker an der Denver University in Denver/Colorado. Er hat sich seit vielen Jahren mit Fragen der historischen Ökologie und der Beziehung von Indianern zur Umwelt beschäftigt. In diesem Buch zieht er die Summe seiner diesbezüglichen Studien. Dabei zeichnet er ein Bild der indianischen Ökologie, das die positiven Seiten dieser Beziehung eindrucksvoll zur Darstellung bringt, die dunkleren Seiten aber ausläßt.

Richard O. Clemmer: Continuities of Hopi Culture Change, Ramona, California 1978.
Der Autor, Professor der Ethnologie an der Denver University in Denver/Colorado, ist ein ausgewiesener Kenner der Kultur der Hopi-Indianer in Arizona. In diesem Buch analysiert er den Zusam-

menhang zwischen dem heutigen Leben der Hopi-Indianer und ihrer überlieferten Mythologie.

Meine Tochter und ich haben eine Reihe von Büchern zu verschiedenen Aspekten nordamerikanischer Indianerkulturen herausgebracht. In diesen haben wir immer wieder versucht, konkrete Erscheinungen dieser Kulturen auf philosophische und religiöse Grundfragen, also auf zugrundeliegende Wertentscheidungen, zurückzuführen. Deshalb haben auch die von uns edierten indianischen Textsammlungen ausführliche Einleitungen und Erläuterungen.
Auf folgende dieser Bücher möchte ich hier hinweisen:

Rudolf und Michaela Kaiser: Diese Erde ist uns heilig – Legende und Wirklichkeit der Reden des Häuptlings Seattle, Münster [4]1986.

Rudolf Kaiser: Gesang des Regenbogens – Indianische Gebete, Münster 1985.

Rudolf und Michaela Kaiser: Schmecke mich, ich bin der Wind – Indianische Liebeslyrik, Münster 1986.

Rudolf Kaiser: This Land is Sacred – Views and Values of North American Indians. Kursbuch für den Englischunterricht der Kollegstufe mit Lehrerband, Hannover 1986.

Rudolf Kaiser: Dies sind meine Worte – Indianische Häuptlingsreden aus zwei Jahrhunderten, Münster 1987.

Michaela Kaiser: Was zwischen Sonne und Mond geschah – Indianische Mythen und Märchen, Gütersloh 1988.

Rudolf Kaiser: Die Stimme des Großen Geistes – Prophezeiungen und Endzeiterwartungen der Hopi-Indianer, München 1989.

Rudolf Kaiser

Die Stimme des Großen Geistes

Prophezeiungen und Endzeiterwartungen der
Hopi-Indianer
131 Seiten. Kartoniert

Rettung der Mutter Erde im Hören auf die Stimme des Großen Geistes – das ist die Botschaft der Hopi-Prophezeiungen.

Ein Fachmann beschreibt kenntnisreich und engagiert geschichtliche Herkunft und kulturelles Umfeld der Hopi-Prophezeiungen. Ihre Bedeutung für unsere Zivilisation wird herausgearbeitet.

Angesichts der bedrohten Umwelt und der Gefährdung des Lebens werden wir hellhörig auf diese Visionen und Prophezeiungen vom Ende der Welt und einem Neubeginn.